PENMARC'H

Son Histoire — Ses Monuments

PAR

F. QUINIOU

Recteur de Penmarc'h

QUIMPER

LIBRAIRIE LE GOAZIOU

—

1925

PENMARC'H

Son Histoire — Ses Monuments

PENMARC'H

Son Histoire — Ses Monuments

PAR

F. QUINIOU

Recteur de Penmarc'h

QUIMPER

LIBRAIRIE LE GOAZIOU

1925

PRÉFACE

Le touriste qui vient de Pont-l'Abbé ou du Guilvinec, jouit de certains endroits d'une vue d'ensemble sur le territoire de Penmarc'h. Il a l'illusion, en contemplant par un temps ensoleillé la vaste plaine qui s'étale à ses pieds et que limite au loin le miroitement des eaux, de se croire devant une ville importante aux multiples clochers. Vues des hauteurs de Kerscaven, sur la route de Plomeur, les quatre agglomérations de Tréoultré, Kérity, Saint Pierre et Saint Guénolé semblent se confondre pour ne former qu'une vaste cité. Les nombreux monuments religieux qui subsistent encore, les uns avec leurs masses imposantes qui ont défié les siècles, les autres avec leurs ruines superbes, attestent que Penmarc'h eut dans le passé une importance qu'il a perdue de nos jours.

Nous avons cru que l'histoire de ces monuments méritait d'être connue. Nous sommes persuadé qu'elle plaira aux amateurs du passé et à tous ceux qui s'intéressent aux manifestations de l'art. Un passage rapide dans une église ne permet guère d'en saisir tous les détails remarquables qu'une petite notice peut signaler en quelques lignes. Tel est l'objet de la seconde partie de cette étude.

Qu'était donc jadis Penmarc'h pour nous avoir légué de si riches souvenirs. Etait-ce un important centre commercial ? Etait-ce une vaste cité rivalisant avec les plus grandes villes de Bretagne. Pourquoi tant de ruines actuellement éparses sur son sol ? Ce sont là des questions que les écrivains ont diversement résolues. Nous avons voulu à notre tour pénétrer à la lumière des faits dans les ténèbres de cette mystérieuse cité pour essayer de lui restituer son ancienne et véritable physionomie.

Pour mener à bien notre travail, nous avons mis à contribution les travaux de la plupart des auteurs qui ont écrit sur Penmarc'h, notamment le chanoine Moreau, dom Taillandier, le chevalier de Fréminville, P. de Ritalongi, les chanoines Peyron et Abgrall, M. M, Trévedy et C. Vallaux etc.. Nous donnons d'ailleurs, à la fin des chapitres nos références pour permettre au lecteur de contrôler nos dires. En ce qui concerne les descriptions relatives à l'art héraldique, M. Monot de Pont-l'Abbé nous permettra de lui exprimer ici notre profonde gratitude pour les précieux renseignements qu'il a bien voulu nous fournir à ce sujet. Quant au chapitre de la préhistoire, nous l'avons composé d'après les notes que nous a gracieusement communiquées M. l'abbé Favret, le distingué archéologue marnais.

F. QUINIOU,
recteur de Penmarc'h

LÉGENDE DE SAINT NONNA

Saint Nonna est le patron de la paroisse et de l'église de Penmarc'h. Nonna, d'après les hagiographes, en particulier Albert Le Grand, est le même que Vougay ou Vouga, ou Vio invoqué sous le nom de sancte Becheue dans un Missel du xie siècle conservé aux Archives de l'Église de Saint-Vougay, dans le Léon (1).

Originaire d'Hibernie, Nonna fut promu à l'archevêché d'Armagh, illustré par saint Patrice. Elevé à cette dignité et à ce poste, contre son gré, il ne cessait de supplier Dieu de le délivrer du fardeau de l'épiscopat, pour lui permettre de se retirer dans quelque monastère où il pourrait, loin des soucis du monde, vaquer à son aise à l'affaire de son salut, Dieu exauça ses prières. Il lui fit connaître dans une révélation qu'il eût à traverser les mers pour atteindre le pays où il devait trouver le repos et la solitude, objets de ses désirs. L'évêque se soumit à cette manifestation de la volonté divine. Il sortit, une nuit, de son palais pour

1. *Béchu* est aussi un nom propre breton.

se rendre au bord de la mer ; mais il n'y trouva aucun navire prêt à appareiller. Nonna avait la foi dont parle l'Evangile, celle qui, d'un mot, transporte les montagnes. La volonté de Dieu s'était manifestée à lui et devait s'accomplir malgré toutes les circonstances contraires. Le saint s'approcha d'un rocher attenant à la côte, y grimpa, et lui ordonna de prendre la mer pour le conduire là où il plaîrait à Dieu. Le miracle s'accomplit. Le rocher se détacha de sa base, et vogua, avec une vitesse que n'avaient pas les navires les plus rapides, dans la direction du Sud. En moins de vingt-quatre heures, il abordait au rivage de la Bretagne Armorique, dans le hâvre de Penmarc'h en Cornouaille.

Les personnes qui se promenaient devant le port, et les marins qui se trouvaient sur leurs barques ancrées en rade étaient tout ébahis de voir naviguer une telle masse. Ils se demandaient si ce n'était pas un navire désemparé que la marée poussait à la côte ; mais bientôt cet étrange vaisseau, sans mât ni gouvernail, faisait son entrée dans le port. Quelle ne fut pas la stupéfaction des habitants de constater que c'était un immense rocher, « lequel servait de navire à un homme qui était monté sur sa croupe. » !

L'étranger descendit à terre et ordonna à la roche de prendre le chemin du retour. A la vue d'une foule innombrable que ce miracle avait attirée sur la côte, le rocher se mit en mouvement et cingla vers l'Hibernie. Un morceau cependant s'en était détaché et est demeuré depuis dans le pays, comme pour garder le souvenir de ce voyage étrange. Cette pierre qui porte l'empreinte de la tête du saint est conservée dans le cimetière de la chapelle dédiée à saint Vio ou Nonna, en la paroisse de Tréguennec.

La population de Penmarc'h, témoin de ce prodige, fit le meilleur accueil au serviteur de Dieu, Nonna, voyant les bonnes dispositions des habitants, se mit à leur prêcher l'Evangile, et ses miracles aidant, réussit à gagner beaucoup d'âmes à Jésus-Christ. Mais toujours sous l'emprise du dessein qui lui avait fait quitter la ville d'Armagh, il résolut de se retirer dans la solitude pour vivre plus intimement avec Dieu. Il construisit un ermitage dans l'îlot qui porte son nom, îlot distant de la côte de Saint-Pierre, de quelques centaine de mètres. D'après Albert Le Grand, cet ermitage aurait existé soit au Pénity, soit à l'endroit où se trouve actuellement l'église paroissiale. Mais ici encore la foule poursuivit le saint anachorète et ne lui permit guère de vaquer librement à ses exercices de piété.

Un nouveau miracle qu'il venait d'accomplir avait attiré à son île une grande affluence de monde venue de tous les coins du pays. « Une fois, le saint, étant sorti de son ermitage, trouva une femme insolente, laquelle poussée du malin esprit, commença à lui chanter plusieurs injures et se moquer de lui ; saint Vouga la reprit doucement, mais voyant qu'il n'y gagnait rien, il la laissa et passa son chemin sans dire mot. Incontinent la misérable subit la juste punition de son crime. » Elle tomba dans des convulsions si violentes qu'elle expira sur place. Le saint fit porter le cadavre à l'église, et oubliant l'injure que cette femme lui avait faite, pria Dieu de lui rendre la vie, « afin que, faisant pénitence de son offense, elle ne perdît la vie de l'âme avec celle du corps. » La morte se leva à la prière du saint, lui demanda pardon et s'en retourna chez elle, louant Dieu de la puissance qu'il avait accordée à son serviteur Nonna.

L'ermite résolut de quitter le pays pour vivre dans un lieu plus retiré. Il passa par Brest sans s'y arrêter et vint aux environs de Lesneven, dans un endroit appelé depuis Saint-Vougay. « Il s'en alla jetter en un épaisse Forest où ayant édifié un petit Oratoire et une chambrette auprès, il s'associa quelques vertueux personnages avec lesquels il vescut en grande Sainteté, jusqu'à ce que Dieu, le voulant récompenser de ses travaux, l'appela à soy le quinzième Juin, environ l'an de salut 585 (1). »

La tradition locale rapporte que Nonna, débarquant de son île, prît sur la grève un énorme galet qu'il devait porter et laisser choir à l'endroit que Dieu désignerait pour la construction d'une église. La pierre était pesante. Le saint dut prendre haleine deux fois sur le bord du chemin : d'abord au lieu dit la fontaine de

______

(1) *Vie des Saints de la Bretagne-Armorique,* par A. Le Grand.

saint Nonna, à Kergadie, entre Kérity et Saint-Pierre, puis à la croix de Kérellec, non loin du bourg de Penmarc'h. Au pied de cette croix, est une grande pierre dont le sommet aurait gardé les traces du corps du saint. Le galet qui avait servi à marquer l'emplacement de l'église, se voit encore aujourd'hui derrière un grillage, entre les deux contreforts de la grosse tour.

PREMIÈRE PARTIE

HISTORIQUE

CHAPITRE PREMIER

La préhistoire.

La Bretagne, terre privilégiée de l'archéologie préhistorique pour le second âge de la pierre et l'époque du bronze, dit Déchelette, est fort pauvre en gisements quaternaires (1). Il n'y a guère qu'en Guiclan que l'on rencontre dans la grotte de Roch-Toul, dominant la Penzé, des traces à peu près certaines du magdalénien. Peut-être les fouilles exécutées par le *Groupement Finistérien d'Etude Préhistorique*, tout particulièrement à Saint-Urnel, non loin de la Torche, permettront-elles d'affirmer l'existence, sur cette partie de la côte, de populations pouvant se rattacher à cette première civilisation paléolithique. Mais rien, jusqu'à présent, n'autorise une affirmation sur ce point.

(1) Déchelette. *Manuel d'archéologie* (Paris, 1908), tom. I, p. 186.

Si les peuplades de cette époque reculée ont laissé dans notre pays peu de traces de leur existence, en revanche les monuments de l'époque néolithique ou de la pierre polie abondent dans la région. Les fouilles pratiquées sous ces mégalithes ont mis à jour des urnes funéraires, des débris organiques de corps humains mêlés à des poteries et à des instruments de silex et de bronze. La perfection apportée dans l'exécution de ces divers objets permet de suivre les progrès de la culture et de la civilisation chez ces anciennes peuplades, bien qu'il ne soit pas toujours facile de tracer des limites exactes entre les périodes de la pierre polie et celle des métaux, en particulier du bronze. Une période ne disparaît pas subitement pour faire immédiatement place à une autre. Les instruments de métal apportés par le progrès n'ont pas détrôné le silex en un jour. Ce n'est qu'à la longue, après un intervalle de temps qu'il serait téméraire de vouloir fixer, que la dernière civilisation a fini par dominer et supplanter la première.

Les plus anciennes traces humaines que l'on rencontre dans ces terrains, en dehors de la nécropole de Saint-Urnel qui n'a pas encore livré tous ses secrets, sont les *Kjœkken-mœdding*, ou amas de débris, de rejets de cuisine, véritable dépotoir laissé par nos aïeux à la base de la presqu'île de la Torche. On y retrouve le mobilier rudimentaire de ces peuplades, tels qu'éclats de silex plus ou moins retouchés, instruments en os etc..., les reliefs de

leurs repas : coquilles de patelles, d'huîtres,
de moules, coquilles de Saint-Jacques, ver-
tèbres de congres et quelques restes de cerf et
de sanglier. La base offre un néolithique
primitif sans traces de poterie. Au fur et à
mesure qu'on s'élève, on trouve le néolithique
à céramique abondante et finalement un
Kjœkken-mœdding de l'âge de bronze à peine
effleuré jusqu'ici et susceptible de fournir des
documents importants à la préhistoire armo-
ricaine. Le squelette humain dont le crâne,
seul encore exhumé, se trouve au musée de
Penmarc'h, appartient à cette couche supérieure
de l'âge du bronze. Les hommes qui ont laissé
ces traces devaient constituer des tribus ayant
leurs centres d'habitation, véritables refuges
plus ou moins défendus contre les attaques
possibles de leurs voisins. Penmarc'h possède
un de ces centres les plus typiques qui, malheureusement, disparaîtra bientôt si l'on ne
prend soin d'en protéger les derniers vestiges
contre les flots. C'est l'enceinte fortifiée de
Pors-Carn. Il faut aussi mentionner l'enceinte
rectangulaire de *Pors-Dibor*, parfaitement conservée, avec ses circonvallations orientales au-
dessus du ruisseau.

Dans la région de Penmarc'h se rencontrent
aussi quelques beaux spécimens de dolmens et
de tumulus, dont les-uns remontent à cette
même époque néolithique, les autres à l'âge
de bronze. Constitués par de grandes dalles
plantées sur deux lignes plus ou moins paral-
lèles, et recouvertes d'autres dalles horizontales

qui forment plafond, les dolmens présentent ainsi des chambres d'une superficie variable, avec une hauteur moyenne sous voûte de 1 m. 20 à 1 m. 30. Quand des éléments nombreux leur donnent une longueur notable, ils forment ce qu'on appelle des allées couvertes. Tout au moins partiellement enfouis à leur origine, parfois entièrement recouverts par des amas de pierres et de terre, ils constituent alors des tumulus pouvant atteindre des proportions considérables et renfermer en dehors même du dolmen des chambres ou sépultures adventices, souvent d'âge plus récent.

Ces dolmens ont livré aux archéologues un mobilier présentant le plus haut intérêt scientifique, objets de pierre, haches, grattoirs, percuteurs, grains de collier, armes et parures de bronze.

Les débris de tumulus couvrent, pour ainsi dire, toute la région du Cap-Caval. Deux grands tumulus voisinaient à Pors-Carn, dits tumulus de Rosmeur. Dans l'un presque entièrement disparu, M. du Châtellier recueillit jadis de belles poteries caliciformes et des lissoirs en pierre ponce. L'autre dégagé de sa chappe de pierres et de terre présente encore une partie du mur intérieur en pierres sèches qui, probablement, l'enfermait tout entier. Des monnaies de Trajan, de Dioclétien et de Constantin ont été recueillies dans sa galerie.

Comment expliquer sous ces mégalithes la présence de monnaies romaines ? Quelques-uns de ces dolmens dateraient-ils de l'époque

des Romains ? Il n'y aurait là rien d'invraisemblable. De l'avis de M. Al. Bertrand, l'un
des plus zélés défenseurs de l'antiquité préhistorique des dolmens français, les monuments
mégalithiques d'Algérie ne peuvent être de
beaucoup antérieurs à l'ère chrétienne ; quelques-uns même lui seraient postérieurs. L'on
a en effet trouvé sous l'un d'eux une médaille
à l'effigie de l'impératrice Faustine, et sur la
table d'un autre, une inscription latine. Pourquoi n'en seraient-ils de même de certains
dolmens armoricains (1) ? Quelques archéologues modernes donnent de la présence de
de ces monnaies romaines une explication
pour le moins ingénieuse. Ils prétendent que
leurs confrères de ces temps anciens ont voulu,
eux aussi, ravir à ces tumulus leurs secrets, et
que c'est en y opérant des fouilles qu'ils ont dû
égarer quelques pièces de monnaie.

Malgré des dégradations irréparables, le
tumulus de Poulguen est un des plus beaux de
toute la région ; aussi a-t-il été classé parmi les
monuments historiques. Haut encore de six
mètres avec une circonférence de quarante
mètres, il recouvre une galerie courbe qui
aboutit à une superbe chambre. Fouillé en
1867, il a donné des vases en forme de pot à
fleurs déposés près de restes incinérés.

On croit généralement que les dolmens,
qu'ils soient à ciel ouvert ou recouverts d'un

(1) Voir la Revue La Controverse. Année 1881.
tome. II. p. 485. art. La Civilisation préhistorique par
Hamard, de l'Oratoire de Rennes.

amas de terre, sont de véritables tombeaux.
Quant aux menhirs, blocs de pierre de dimensions souvent considérables et aux cromlechs,
assemblages de menhirs disposés en forme
circulaire, il serait imprudent de se prononcer
d'une façon catégorique sur leur sens et la date
de leur origine. Ils appartiennent à des époques très variables et n'ont pas tous la même
destination. Les uns, les plus nombreux peut-
être tout au moins en Bretagne, ont pu servir
de repères, de jalonnements astronomiques ;
d'autres peuvent avoir été plantés comme
monuments commémoratifs, comme stèles
funéraires, comme indicateurs de points
importants, comme symboles religieux peut-
être. Diverses étaient donc les destinations de
tous ces mégalithes comme étaient différentes
les époques qui en ont vu l'érection.

Sans vouloir rivaliser avec les alignements
de Carnac, ceux de Lestriguiou sont cependant
des plus remarquables. Ils mesurent environ
un kilomètre de longeur et comprennent
quatre rangs de menhirs. Ces pierres ont une
hauteur variant entre 3 m. 5o et o m. 5o. Comme à Carnac un cromlech occupe une des
extrémités des alignements vers La Madeleine,
qui semble avoir été un centre mégalithique
considérable. Ces alignements ont dû constituer autrefois un ensemble imposant ; mais
aujourd'hui la moitié ou les deux tiers de ces
menhirs ont disparu ; d'autres sont brisés ou
renversés et enfouis profondément dans le
sol. « Si le monument de Carnac, dit M. du

Chatellier, fut une belle cathédrale, celui de Lestriguiou, entre Plomeur et Penmarc'h fut, sans contredit, une belle église. Mais qui pourra dire si ces monuments rappellent un souvenir religieux ou militaire, ou s'ils furent une commémoration funéraire ? Si vous demandez aux habitants du pays ce que peuvent être ces pierres, ils vous répondront naïvement (1) : « Quand Notre-Dame Marie Madeleine vint s'établir dans le pays, elle y trouva le diable qui avait tout empoisonné de ses mensonges. Elle résolut de le chasser, ce qu'elle fit en le poursuivant et en lui jetant ces pierres que vous voyez alignées et qui sont restées la trace du mauvais esprit. La Madeleine pour poursuivre le diable, portait ces pierres dans son tablier et les lui jetait au fur et à mesure de sa fuite. »

Penmarc'h possède de très beaux menhirs, notamment celui de Kerscaven, et celui qui se trouve au fond du vallon, dans l'angle formé par l'intersection des routes de Plomeur de Loctudy. Le menhir de Kerscaven haut de six mètres, se trouve tout près de ce village, dans un champ bordant la route. On l'appelle dans le pays l'Evêque, parce que, vu de certains côtés, il représente un évêque portant la mitre et revêtu de la chape.

La façon dont ces grands monolithes ont été dressés est assez originale. M. du Châtellier

(1) La naïveté n'est pas la caractérisque des Bigoudens. La légende que rapporte M. du Châtellier n'a jamais passé dans le pays pour une histoire véridique,

nous en donne cette description : « La place
où le menhir devait s'élever était choisie ; on
creusait une excavation assez profonde pour
enterrer la base du monument. Le bloc destiné
à être érigé était amené sur des rouleaux, jusqu'au lieu de l'érection. Rendu sur place, on le
mettait sur une claie posée au bord du trou
devant le recevoir. La tribu entière, avec des
liens attachés à cette claie, le dressait, et, à un
moment donné, la base du menhir glissant
dans le trou, il se trouvait debout. Les couches
de terre remaniées, que l'on rencontre contre
l'une des faces de la base du menhir, tandis
que de l'autre côté elles sont en place, vierges
de tout maniement, sont la preuve de ce que
nous avançons. »

C'est probablement à cette époque néolithique qu'il faut rattacher le grand menhir anthro-
pomorphe renversé de Kervédal, et tous ceux
qui pouvaient avoir une origine religieuse,
toutes les traces d'un culte naturaliste que l'on
rencontre disséminées dans la région. Peut-
être pourra-t-on affirmer un jour que ce culte
s'est continué, stylisant ses symboles sous
forme de lechs, c'est-à-dire. de véritables
menhirs de dimensions moins importantes,
taillés, les uns lisses, les autres cannelés, et
rencontrés souvent par couples, par exemple
en face de la fontaine de la Madeleine. Mais
ici encore, il faut, semble-t-il, ne pas géné-
raliser et reconnaître dans certains lechs de
véritables stèles funéraires. Mentionnons aussi,
pour cette même époque, la vasque de Kerlé-

gristy, les deux cachettes de haches en pierre polie, l'une dans la grève de Kérity, l'autre au sommet d'une carrière, à deux cents mètres à l'ouest de Kerscaven.

Si la Bretagne est pauvre en gisements de l'époque paléolithique ou de la pierre taillée, elle n'est guère plus riche en gisements de l'époque du fer. On possède en effet peu de renseignements sur cette période. Peut-être les fouilles opérées dans les nécropoles souterraines donneront-elles à ce sujet de meilleurs résultats que n'ont procurés jusqu'ici les découvertes faites dans les tumulus. Il paraît difficile d'identifier dans la région de Penmarc'h et même dans l'Armorique, une civilisation du premier âge du fer. Seul peut-être le monument de Kerbescat en Tréguennec, exploré par Mr du Châtellier, pourrait appartenir à cette époque.

Le second âge du fer est mieux connu. Ce sont probablement ses traces que les cultivateurs rencontrent au cours de leurs travaux, un peu partout, dans ce qu'ils nomment, « des petits pots avec des os de chat. » En tout cas, c'est cet âge qu'il faut reconnaître dans les grandes nécropoles de Roz-an-Trémen, de Kerviltré, de Tronoën, et aussi dans une des couches archéologiques de Saint-Urnel. La nécropole de Roz-an-Tremen (butte du passage ou de la mort) renferme deux types de sépulture, — l'incinération et l'inhumation.

Les premières sépultures sont les plus

anciennes et ont été pratiquées dans la couche
de sable éolien qui recouvre toute la surface de
la Palue. Les résidus des incinérations ont été
soit enfermés dans des coffres de pierre ou des
vases d'argile, soit déposés directement dans le
sable. Ils ont ainsi constitué par îlots une première couche archéologique. Les différents
îlots devaient être signalés par des lechs dont
la plupart ont depuis disparu, mais dont les
soubassements subsistent encore. Les populations postérieures, pour ensevelir leurs morts
par inhumation ont dû percer cette couche en
certains endroits, bouleversant ainsi coffres et
vases dont les débris se trouvent épars dans le sol.

C'est une portion de cette nécropole qui a été
reconstituée au musée de Penmarc'h, avec ses
coffres, ses vases, son lech et, brochant sur le
tout, ses deux squelettes (1). Deux des squelettes
de ce musée, homme et femme reposant côte
à côte, rappelleraient un trait représentatif des
mœurs de l'époque, la monogamie, preuve d'une
civilisation avancée. Ces genres de sépulture
appartiendraient plutôt à la deuxième ou à la
troisième phase du second âge du fer. Les populations qui ont laissé ces traces seraient donc
celles qui auraient vu arriver les conquérants
romains.

Il est certain que la presqu'île de Penmarc'h
fut habitée dès les temps les plus reculés, et
qu'elle était même très peuplée, s'il faut en

____

(1) Le musée de Penmarc'h est l'œuvre de M. le Commandant Bérard.

juger par le nombre de menhirs, de dolmens,
de tumulus et d'allées couvertes que l'on rencontre dans cette région. Plusieurs siècles avant
l'ère chrétienne, les habitants de ce pays comme
ceux de la Grande-Bretagne échangeaient des
produits avec les Phéniciens et les Cartha-
ginois. Ces navigateurs allaient jusqu'en Cor-
nouailles chercher l'étain nécessaire à la fabri-
cation du bronze (1). Au retour de leurs
voyages, ils achetaient sur nos côtes bretonnes
du poisson salé qu'ils transportaient dans
leurs pays d'origine. Il est fait mention de ces
relations commerciales, nous dit P. de Ritalongi, dans les fragments qu'on a retrouvés
des voyages de Pythéas.

Le marseillais Pythéas, à la fois voyageur,
géographe et astronome, fut l'une des illus-
trations de son époque. Ce fut vers l'an 340
avant Jésus-Christ, qu'il s'aventura avec un
seul vaisseau au-delà des Colonnes d'Hercule ;
mais au lieu de suivre au sud la côte africaine,
il remonta au nord en longeant les rivages de
l'Ibérie et ceux de la Celtique jusqu'aux points
avancés qui forment actuellement le Finistère,
puis il embouqua la Manche et accosta l'Angleterre, cette île d'Albion, dont il allait devenir
le premier explorateur. Il débarqua, en effet,
sur divers points de la côte et entra en relation
avec ses habitants qui faisaient un grand
commerce d'étain (2).

(1) Diodore de Sicile, v. 38.
(2) Jules Verne. *Histoire des Grands Voyages et des
Grands Voyageurs*, tome I, p. 7.

Il n'est guère facile de fixer, même de façon approximative l'époque où vécurent les différentes peuplades qui ont laissé sur le sol et dans les couches souterraines de Penmarc'h tant de traces de leur existence. Pour trancher cette question, il faudrait connaître les époques des migrations successives qui, partant des contrées asiatiques ou des régions orientales de l'Europe, sont venues peupler les côtes d'Armorique. Ces races d'origines différentes ont dû d'ailleurs fusionner, et leurs rites se mêler sans toutefois se confondre. Les Celtes, à leur tour, vinrent vers le ve siècle avant notre ère et apportèrent à tous ces éléments divers l'appoint de leur civilisation et de leurs croyances particulières. Devant ces obscurités qui planent sur la préhistoire, nous pouvons dire que pour tout ce qui regarde les périodes antérieures à l'occupation romaine, une grande réserve s'impose.

CHAPITRE II

La Paroisse.

§ I. — Son origine.

La paroisse de Penmarc'h comprenait trois
grossés agglomérations situées respectivement
aux bourgs actuels de Tréoultré, Kérity et
Saint-Pierre. Quoique prétende de Fréminville,
ces trois bourgs n'ont jamais constitué une
même ville. On peut, d'après le Penmarch
actuel, en tenant compte des ruines amon-
celées en grand nombre sur son sol, se faire
une idée assez exacte de l'ancien Penmarc'h, à
l'époque de sa grande prospérité. Le chiffre de
sa population a sans doute baissé depuis le
XVIe siècle, mais son territoire n'a pas sensiblement changé. Nous ne voyons pas que l'histoire
fasse mention de révolutions géologiques ou
d'inondations qui aient modifié l'aspect de cette
commune.

La ville de Kérity et le bourg de Saint-
Pierre étaient reliés entr'eux par de nombreux
groupes de maisons jetés çà et là dans les
champs et dont quelques-uns comme Kerbézec
et Kervily pouvaient contenir, ainsi que
l'attestent leurs ruines, une trentaine de maisons.

La trève de Saint-Guénole dépendait de la

paroisse de Cap-Caval, et n'est rattachée à Penmarc'h que depuis le Concordat. C'est ce même traité du Premier Consul avec le Souverain Pontife qui a donné à la paroisse ses limites actuelles, en détachant de Plomeur le hameau de la Madeleine et les villages de Lescorz, Kerscaven, Squividan, Kéradennec, Poulguen, etc...

Le bourg de Tréoultré était séparé de Kérity par des marais qui s'étendaient de la grève blanche au Pont-Ninon. Ces marais étaient alors, comme aujourd'hui, inondés pendant la saison hivernale par les eaux de pluie qui y séjournaient, faute de déclivité du terrain, et parfois par les eaux de la mer, qui y faisaient irruption, à l'époque des grandes marées. Ils formaient de véritables étangs qui, débordant de temps à autre le pont-Ninon, rendaient impossible toute communication directe entre les deux localités.

Le quartier de Tréoultré, dont dépendait au point de vue paroissial celui de Kérity, était plutôt la résidence des agriculteurs, des petits commerçants, et aussi de plusieurs armateurs qui préféraient le séjour calme de la campagne à la vie bruyante et mouvementée d'un port de pêche. Quelques-uns de ces derniers s'étaient rendus acquéreurs, ou étaient devenus locataires d'anciennes maisons seigneuriales que leurs propriétaires avaient, depuis longtemps, renoncé à habiter et dont ils se contentaient de toucher les fermages. D'autres s'étaient fait construire de riches maisons en dehors du bourg paroissial, non loin de Kérity, leur centre d'affaires. Beaucoup d'entr'eux cependant avaient leur résidence dans la ville même de Kérity ou dans ses faubourgs, en particulier à Kervily qui, d'après Ducrest-Villeneuve, possédait dix-neufs hôtels et neuf fours à cuire. Les sentiers qui menaient à ces manoirs et à ces maisons d'armateurs portaient le nom de rues.

La paroisse de Penmarch est l'une des plus anciennes de la Cornouaille. Comme pour la plupart des paroisses, l'absence de documents ne permet guère d'en fixer actuellement l'origine. Le premier recteur dont fassent mention les Archives est cité dans le Cartulaire de Quimper, en date du 14 avril 1349, c'est Messire Alain du Châtel « die anniversaria Domini Alani de Castro quondam rectoris ecclesiœ de Tuortre-Nabat », p. 368.

Le nom de la paroisse a varié dans le cours des temps. En 1368, la paroisse s'appelle en latin Treffuortré (Cart. Quimper, p. 9). Ce nom se change en Tréoultré-Nabbat dans presque tous les documents du xvᵉ siècle. En 1498, Guillaume Bécam est simplement qualifié de recteur de Tréoultré. L'adjonction Nabbat disparaît au xviᵉ siècle. Au xviiᵉ siècle, la paroisse s'appelait indifféremment Tréoultré ou Tréoultré-Penmarc'h ; mais depuis 1740, elle a toujours porté son nom moderne. « Ces fluctuations de la toponymie, dit M. Camille Vallaux, sont une image de la destinée changeante de Penmarc'h. »

Quelle est l'origine de ce mot : Tréoultré ? Les anciens prononçaient Tréoeltré. Il est probable que ce nom dérive de Trémeur qui se prononce en breton Trewel. Tréoultré signifierait trève de Saint-Trémeur. Une chapelle, voisine de Penmarc'h et dépendante aujourd'hui de la paroisse de Guilvinec après avoir appartenu à celle de Plomeur, est dédiée à ce saint breton, Tréoultré viendrait de Tréweltré. Le mot tré, trève est reporté à la fin du mot par la raison qu'il est difficile de prononcer : Tretrewel, et l'on a préféré cette dernière forme : Treweltré, Tréoltré, Tréoultré (1).

Penmarc'h signifie, tête de cheval (*Penn*, tête, *marc'h*, cheval). Ce nom était primitivement donné à toute la presqu'île qui comprenait Tréoultré, Kérity, Saint-Pierre, Saint-Guénolé et même l'importante paroisse de Beuzec Cap-Caval dont l'étymologie n'est pas différente, Cap-Caval étant la traduction latine du mot breton Penmarc'h (*Caput*, tête, *Cavalli*, de cheval). Cette région était ainsi appelée, sans doute, parce que l'extrémité du promontoire figurait autrefois une tête de cheval, alors que les Etocs, ou la ceinture de rochers qui abritent le port de Kérity, faisaient corps avec la terre ferme, ou parce que, à l'entrée du port de Saint-Pierre se trouve un rocher dont la configuration rappelle une tête de cheval émergeant de la mer. L'architecte de l'église

(1) Cette explication fournie par M. Guillou, ancien recteur de Penmarc'h (1872-1887) et bretonnisant remarquable nous semble plausible.

paroissiale a voulu faire allusion à ce sens étymologique de Penmarc'h en représentant une
tête de cheval à l'un des angles de la grosse
tour. Quoi qu'il en soit de ces explications, le
nom de Penmarc'h qui s'appliquait autrefois à
tout le territoire du Cap-Caval, ne désigne
plus aujourd'hui que la paroisse principale de
la péninsule.

La paroisse était desservie autrefois par un
recteur et plusieurs vicaires. Les archives
antérieures au xvi⁰ siècle ne relèvent que trois
noms de recteurs : Messire Alain du Châtel en
1349, Guillaume Bécam qui fit une fondation
en 1498, et Charles Jegou qui fit construire
l'église paroissiale actuelle. Originaire de
Quimper, ce dernier devint recteur de Tréoultré
en 1498, puis abbé de Daoulas en 1519, mourut
à l'abbaye et y fut enterré le 10 janvier 1535.
En 1591, Henri Capiten signe sur les registres
de Plougonvelin comme recteur de Tréoultré.
Quatre recteurs occupent tout le xvii⁰ siècle :
Messires de la Villeneuve (1600-1632). Henri
Le Bras (1632-1662), Grégoire Diraison (1662-
1665) et Alain Le Fâcheux (1665-1700) (1).

Messire A. Le Fâcheux fut chargé en 1676
par Mgr de Coëtlogon, évêque de Quimper,
d'une enquête dans la paroisse de Loctudy. Au
village de Langougou, actuellement en Plomeur, s'étaient passés des faits auxquels la
croyance populaire attribuait un caractère

(1) Nous donnons en appendice les noms des recteurs et vicaires ou curés de Penmarc'h.

miraculeux. Les fondements d'une chapelle, avec une fontaine à proximité, y avaient été découverts comme par hasard. Une tradition, dont il ne restait plus qu'un vague souvenir, vint à se préciser, et prétendait qu'en cet endroit avait existé autrefois une chapelle dédiée aux saints martyrs, Cosme et Damien. La nouvelle de cette découverte se répandit rapidement dans la contrée, et de tous côtés affluèrent les pèlerins. Il en venait des paroisses de Tréoultré, Plomeur, Beuzec, Cap-Caval, Loctudy, Plonivel, Plobannalec, Pont-l'Abbé, Combrit, Quimper, Gouesnac'h, Tréogat, Peumerit, Saint-Germain-Plogastel, Esquibien... De nombreux malades y venaient prier et se laver dans l'eau de la fontaine. Tous éprouvèrent quelque soulagement et plusieurs même furent radicalement guéris.

Intrigué de tous ces pèlerinages qui avaient lieu sur le territoire de sa paroisse, Messire Corentin Furic, recteur de Loctudy, voulut juger par lui-même de la créance qu'il fallait accorder à tous ces bruits de guérison. Ses enquêtes menées en toute prudence l'amenèrent à croire à la réalité des faits miraculeux qui se passaient à Langougou. Il se hâta alors d'informer l'autorité épiscopale de tous ces événements extraordinaires, en réclamant une enquête officielle pour établir le vrai caractère de ces guérisons.

Mgr de Coëtlogon donna pleins pouvoirs pour procéder à cette information à Messire Alain Le Fâcheux, recteur de Tréoultré qui devait s'adjoindre Messire Nicolas Le Coz, recteur de Beuzec-Cap-Caval. Les deux enquêteurs avaient ordre d'appeler par devers eux les personnes qui se disaient guéries ou soulagées et de leur faire jurer sur les saints Evangiles de dire la vérité. Ils se rendirent à Loctudy, le 20 septembre, jour du pardon de la dite chapelle, et reçurent les dépositions de personnes de tout âge et de toutes conditions venues de différentes paroisses. Quarante-sept cas de guérison ou d'amélioration furent déclarés sous serment dans cette enquête officielle, mais quinze autres avaient été signalés d'après les informations personnelles du recteur de Loctudy.

Voici, pour ce qui concerne Penmarc'h, les guérisons relatées dans le procès-verbal officiel conservé aux Archives de l'Evêché.

Azénore Léen (Gléhen ?), âgée de vingt-cinq ans, fille de défunt Yves et de Jeanne Le Croazec de la paroisse de Tréoultré, déclare que, depuis quinze ans, elle n'a pu poser le pied droit à terre, et que pour marcher, elle a toujours dû se servir d'une béquille. Pour obtenir sa guérison, elle fait vœu de visiter la chapelle et la fontaine de saint Cosme. Pendant son pèlerinage, elle sent des douleurs à la jambe ; mais voilà qu'arrivée tout près de la chapelle, elle éprouve un éblouissement, et, d'instinct elle pose le pied à terre pour ne pas tomber. Elle marche vers la fontaine, s'y lave et retourne guérie à la chapelle. Elle a depuis refait trois fois le même voyage sans éprouver aucune gêne ni fatigue.

Urbane Guillou, âgée de trente-cinq ans, femme de Pierre Le Garrec du village de Lezhanno, avait depuis quatre mois, la jambe tellement enflée que la marche lui était devenue impossible. Elle visite la chapelle, se lave à la fontaine et s'en revient guérie.

Yves Le Marché, du village de Kergadien, âgé de quarante-huit ans, atteint d'une fièvre chaude qui le met à deux doigts de la mort, se voue aux saints Cosme et Damien. Il boit à plusieurs reprises de l'eau de leur fontaine et éprouve un mieux sensible.

Ces trois cas de guérison ou d'amélioration furent constatés par l'enquête officielle. En voici un autre relaté par M. Furic.

Marie Penser, âgée de huit ans, fille de Maurice et de Marguerite Le Pochat, du village de Kersuluan, relevait d'une maladie qui lui avait fait perdre l'usage de l'œil gauche. Conduite par son père à Langougou, trois lundis consécutifs, elle se lave l'œil malade à l'eau de la fontaine, et se trouve guérie.

Le successeur de A. Le Fâcheux à Tréoultré fut Bernard Desrobin dont il sera question au chapitre « Mutineries à Penmarc'h. » On nous excusera de ne pas donner une notice biographique de tous les recteurs qui se sont succédé à Penmarch depuis la formation de la paroisse. Nous nous contenterons de consacrer quelques lignes à la mémoire de deux d'entr'eux : MM. Guillou et Le Coz.

Jean Guillou, natif de Cléder, devint recteur de Penmarc'h en mars 1872. Il marqua son passage dans la paroisse par l'achat d'une chaire à prêcher en style du xvi° siècle, sortie des ateliers de M. Daoulas de Quimper. Ses deux prédécesseurs immédiats, MM. Lazou et Pouliquen avaient déjà doté l'église, l'un de belles stalles au chœur, et l'autre de verrières dont les sujets sont : sainte Thumette, saint Pierre et saint Paul, Notre-Dame de la Joie, saint Fiacre et saint Guénolé. M. Guillou est l'auteur de la plupart des cantiques bretons qui se chantent encore actuellement dans les exercices des maisons et des retraites. Celtisant remarquable, il a traduit dans une langue châtiée, énergique, et toute empreinte de poésie, les principales vérités de la religion chrétienne. C'est à la pointe de la Torche, dit-on, qu'il s'essayait, au son d'un ocarina acheté dans un « pardon » quelconque, à noter ses airs de cantique. C'est là, sans doute, qu'il a dû composer son « *Bagik sant Per* » véritable harmonie des flots balançant en cadence les petites barques de pêche. Par une connaissance approfondie du génie de la race, il a su garder à la mélodie bretonne sa naïveté gracieuse, son allure grave et méditative. Dans ses vers, musique et paroles s'adaptent à merveille et constituent une excellente prédication. De son vivant, il a prêté son concours à plusieurs missions paroissiales, et descendu dans la tombe, il a voulu revivre pour continuer ses prédications par le chant de ses cantiques qui précède et clôture chaque exercice. « *Adhuc defunctus loquitur* (1). » Il mourut à Penmarc'h le 1ᵉʳ septembre 1887 et voulut être inhumé dans la paroisse qu'il avait administrée pendant quinze ans.

M. François Le Coz, originaire de Plouarzel, était vicaire à Saint-Sauveur de Brest, lorsqu'il fut nommé en 1887 recteur de Penmarc'h. C'était un prêtre zélé, un esprit original et entreprenant. C'est à lui que la paroisse doit d'avoir conservé en si bon état ses divers monuments religieux, et l'école libre des filles est son œuvre.

Les Sœurs de la Sagesse, appelées à Penmarc'h par M. Lazou en 1872, avaient d'abord habité la rue Longès à Kérity. Elles y tenaient une garderie et donnaient leurs soins aux malades. Cinq ans plus tard, elles vinrent s'installer au Pénity. Trouvant son presbytère trop éloigné de l'église paroissiale, M. Guillou le céda à la commune pour servir d'école publique de filles ; mais en retour, la commune devait confier la direction de cette école aux Sœurs de la Sagesse et accorder au recteur une somme de dix mille francs pour lui permettre de bâtir un presbytère au bourg. Les religieuses expulsées en 1903 du Pénity, trouvèrent un nouveau refuge dans une maison que M. Le Coz, en vue de la laïcisation, avait déjà fait construire en 1898. C'est dans cette maison qu'il installa l'école libre des filles.

(1) Et mort, il continue à prêcher.

S'il avait procuré un logement aux Sœurs, et une école chrétienne à sa paroisse, le recteur dût bientôt chercher pour lui-même un asile. Chassé en 1907 de son presbytère, en vertu de la loi de Séparation des Eglises et de l'Etat, il reçut pendant quelques mois l'hospitalité dans une maison amie ; mais il comprit que cette situation ne pouvait pas décemment durer. C'est alors qu'il se décida et qu'il réussit, après bien des difficultés, à construire le presbytère actuel. En 1911, il crut devoir se retirer du ministère pour prendre dans sa paroisse natale une retraite bien méritée. « Fatigué, disait-il, par plus de vingt-trois ans de combat, de dur service paroissial et de tribulations », il n'aspirait plus qu'au repos. Il avait, selon son expression pittoresque, piloté assez longtemps le navire de Penmarc'h, pour avoir le droit de laisser à un successeur plus jeune et plus robuste, le soin de tenir à son tour la barre. Il mourut dans sa famille à Plougonvelin le 4 janvier 1918, à l'âge de 70 ans.

§ II. — L'Époque révolutionnaire

A l'aube de la Révolution, Yves Pochet, originaire de Saint-Ségal, était depuis six ans à la tête de la paroisse de Penmarc'h. Il avait comme auxiliaire Guillaume Berrou qui, outre les fonctions de vicaire, exerçait encore celles d'instituteur. Le pasteur vivait en parfaite harmonie avec ses ouailles, et il n'avait d'autre ambition que de terminer tranquillement sa carrière sacerdotale dans cette paroisse que lui avait confiée son Evêque. Les premières années de son ministère, années de calme et de complète entente avec ses paroissiens, semblaient justifier cette espérance. Rien ne pouvait lui faire prévoir que la sérénité des anciens jours dût avoir une fin et que l'orage qui, insensiblement, montait à l'horizon, allait bientôt éclater. Il aura, comme tous ses confrères dans le sacerdoce, à opter entre ses serments religieux et le serment de fidélité aux lois de la République. Nous verrons que le souci de sa tranquillité et, peut-être, de son attachement à sa paroisse lui feront oublier quelque temps les vœux de son ordination.

M. Pochet savait au besoin exercer les devoirs de l'hospitalité envers ses amis et même à l'égard des étrangers. Lorsque Cambry, membre du Conseil du Département vint, à la fin de 1794, à Penmarc'h, il ne trouva personne qui consentît à l'héberger, même moyennant finance. Sans doute, la population se défiait-elle de ce personnage en tournée officielle d'inspection. On était cependant aux premiers jours de la réaction thermidorienne, période de calme relatif, mais il était difficile d'oublier si vite le régime de la Terreur dont on venait à peine de sortir.

Cambry, dont les courses inutiles dans la paroisse avaient aiguisé l'appétit, n'eut d'autre ressource pour apaiser sa faim que de frapper à la porte du presbytère. Le recteur mit au pillage son poulailler pour recevoir le représentant du Département. Trois poulardes préparées à des sauces différentes parurent sur sa table.

« Sans l'honnête curé de ce canton, nous dit Cambry, je serais mort de froid et de faim dans ce pays sauvage et dépouillé. Le bon pasteur me donna, s'excusant sur sa pauvreté, du plus délicieux vin de Ségur trouvé sur le rivage et troqué par les paysans contre quelques bouteilles de mauvais cidre. Béni soit le vénérable curé qui me sauva la vie. C'est un fort galant homme aimé de ses paroissiens ; aussi tout abonde chez lui. Il ne lui manque que du drap. Sa soutane était composée de cinq cents pièces de teintes différentes. »

Rien d'étonnant à ce qu'un personnage officiel fut reçu avec honneur chez un curé intrus. Il est permis de croire, qu'une fois rentré à Quimper, le représentant du Département n'oubliera pas le bon accueil reçu au presbytère de Penmarc'h. C'est probablement, grâce à cette puissante influence que M. Pochet devra de rester dans sa paroisse durant l'époque révolutionnaire sans être nullement inquiété.

Appelé le 6 février 1791 à se prononcer sur la Constitution civile du clergé, le recteur prêta publiquement le serment exigé par la loi. L'Assemblée Nationale avait voulu, pour donner plus d'éclat à l'acte de prestation de serment, qu'il eût lieu, le dimanche à la grand'messe, en présence des fidèles et des

autorités constituées. L'acte était de consé-
quence, car il s'agissait pour le recteur d'être
maintenu ou non à la tête de sa paroisse.
La loi, en effet, considérait les insermentés
comme des rebelles et les déclarait déchus de
leurs fonctions. Le peuple dût être curieux
d'assister à pareille cérémonie, se demandant
avec inquiétude l'attitude qu'allaient tenir ses
prêtres. Ils jurèrent tous deux.

Le recteur déclara que, « le vœu le plus
sincère de son cœur était de se conformer au
décret prescrivant le serment à la Constitution
civile du Clergé auquel il adhérait, ajoutant
que son empressement et son zèle seront toujours sans bornes quand il s'agira d'inspirer
à ses ouailles la plus entière confiance et le
plus parfait dévouement à la sagesse des lois
qui émanent de l'Assemblée Nationale. Il
recommandait de la manière la plus instante
aux membres du Corps politique de la paroisse,
de ne prendre aucune délibération tendant à
affaiblir tout respect à ses décrets, ou à éluder
leur exécution. »

Quel zèle débordant pour le nouveau régime
de la part d'un prêtre jusque-là confiné dans
les fonctions de son ministère paroissial ! La
tournure nouvelle que prenaient les événements politiques avait-elle renversé toutes
ses idées d'ordre, de discipline ecclésiastique et
fait germer dans son esprit un petit grain d'ambition ? Peut-être vit-il que Penmarc'h était
une paroisse dont l'importance n'était pas à la
hauteur de ses talents et qu'il pouvait, comme

tant d'autres de ses confrères jureurs, aspirer
à un poste supérieur ? Nous croyons cependant
plus vraisemblable que, gagné comme beaucoup de membres du bas clergé aux idées nouvelles, et imbu des principes égalitaires de
l'époque, il saluait avec enthousiasme l'aube
des temps nouveaux.

« Grâce, dit-il, aux pénibles travaux de la
plus auguste assemblée de l'univers et à son
union constante avec le meilleur comme le
plus cher des monarques, tous les Français
jouiront de toutes les faveurs que la divine
Providence a versées sur ce superbe empire
d'une manière plus solide et plus étendue que
ne l'ont jamais fait leurs ancêtres, qu'ils
voient déjà l'aurore et qu'ils ne tarderont pas
à voir le jour de toutes les prospérités. »

Ni la condamnation par le Souverain Pontife Pie VI de la Constitution civile du clergé,
ni la prison, l'exil ou l'échafaud réservés aux
prêtres fidèles, rien ne dessillera les yeux du
bon recteur qui s'entêtera longtemps à saluer
l'âge d'or entrevu dès les premières années de
la Révolution. A un ami qui lui reprochait
son apostasie et voulait le ramener dans le
droit chemin, M. Pochet répondra que sa
conscience s'accommodait parfaitement du serment qu'il avait prêté, serment qu'à son avis
les deux brefs du Pape n'avaient pas formellement condamné. Dans la suite les arguments
de cet ami devinrent-ils plus pressants et plus
persuasifs, ou les événements tragiques qui se
déroulaient finirent-ils pas éclairer la bonne

foi du recteur ? Toujours est-il, qu'au mois d'août 1797, M. Pochet, revenu de son erreur, fit sa rétractation entre les mains des vicaires capitulaires.

« S'il a été difficile, déclare-t-il, de m'engager à abandonner, mon opinion relative à la prestation de serment, j'ose vous assurer qu'il sera impossible de m'y ramener. Vous me mandez que plusieurs ecclésiastiques de mes environs ont révoqué en doute ma rétractation. J'en ai été douloureusement affecté ; ils sont dans l'erreur. »

Un mois plus tard paraissait le décret du 19 fructidor (5 septembre 1797) qui proscrivait tous les ministres du culte sans distinction. Tout prêtre accusé de troubler la tranquillité publique était condamné à la déportation. Pour être convaincu de ce crime, il suffisait pour tout ecclésiastique d'avoir exercé les fonctions de son ministère ou d'avoir prêché la doctrine catholique. Les prêtres assermentés eux-mêmes devaient être sur leurs gardes. Quant aux prêtres insermentés ou réfractaires restés au pays malgré les lois de proscription de 1792 et de 1793, ils avaient encore plus d'intérêt à demeurer cachés. Ce décret permettait de les fusiller dans les vingt-quatre heures. Ces mesures sectaires du Directoire eurent pour effet d'interdire tout exercice public du culte en France. C'était partout la chasse aux curés menée avec furie. De longues files de prêtres s'acheminaient des différents points du territoire vers Rochefort, port d'embarquement pour la Guyane. « Plus de 1200 prêtres, dit Taine, étouffent ou pourrissent dans les casemates des îles de Ré et d'Oléron, et de toutes parts, dans les départements, les commissions militaires fusillent avec force. »

Devant cette recrudescence de la persécution, que devenait M. Pochet, mis hors la loi par sa rétractation de serment? Il fut plus favorisé que la plupart de ses confrères car nous ne voyons pas qu'il ait été l'ojet de poursuites de la part des pouvoirs publics. Sans nul doute, son ami Cambry veillait et avait réussi par convaincre ses collègues du Conseil du Département que le recteur de Penmarc'h n'avait pas cessé d'être un bon citoyen. Le pasteur dut cependant s'abstenir de tout exercice du culte pour ne pas tomber sous le coup de la loi. Nous voyons quelques-uns de ses paroissiens, entr'autres Joseph Goudédranche, menuisier de Kérity, s'en aller au village de Tréluan, en Plonéour-Lanvern, assister à la messe de Kerdréach, prêtre insermenté. Appelé à l'audience du tribunal correctionnel de Quimper, le 24 pluviose an VI, (13 février 1798), Goudédranche s'entendit condamner à cent francs d'amende et à un mois de prison.

M. Pochet, après avoir été pendant six ans prêtre intrus, redeviendra recteur légitime à partir du mois d'août 1797. Il sera maintenu à ce titre à Penmarc'h jusqu'à sa mort survenue en 1802, l'année même du Concordat qui rétablit la paix religieuse en France.

M. Berrou, vicaire à Penmarc'h depuis 1762, avait suivi l'exemple donné par son recteur dans la séance du 6 février 1791 ; mais s'il prêta serment, ce ne fut qu'avec certaines restrictions concernant le spirituel, voulant ainsi mettre sa conscience à l'abri du parjure. Nommé par l'Assemblée électorale à la cure de Kerfeunteun, il crut devoir refuser ce poste qui ne lui était pas confié par l'autorité légitime. Malgré son serment conditionnel, il vit son nom maintenu sur la liste des prêtres assermentés. Aussi, pour dissiper toute équivoque, s'empressa-t-il d'écrire au District, le 5 mai 1791.

« Je fis, le 6 février dernier, serment de maintenir la Constitution dans tous les points conformes à la religion catholique, apostolique et romaine dans laquelle je veux mourir. Si ce serment n'est pas du goût du District, je vous prie d'avoir la bonté de rayer mon nom du tableau des assermentés. »

M. Berrou fit bon ménage avec son curé intrus, et mourut à Penmarc'h, vers 1800, dans la communion de la sainte Eglise romaine (1).

(1) Références. — Archives municipales. Cambry. — *Voyage dans le Finistère*, p. 353, édition 1836. Taine. — *Origine de la France contemporaine*. Tome VIII, p. 385.

CHAPITRE III

Manoirs et rues de Penmarc'h.

§ I. — Tréoultré.

Ces manoirs n'avaient rien de l'aspect grandiose des anciens châteaux du moyen-age. C'étaient de simples gentilhommières d'un genre plutôt sévère, et ils ne se distinguaient des demeures environnantes que par leurs proportions plus vastes et un certain luxe dans l'emploi des pierres de construction. La porte principale était généralement encadrée de cannelures et d'arcatures et surmontée de l'écusson avec les armes du seigneur.

Penmarc'h n'a jamais été à proprement parler une ville fortifiée. Les trois agglomérations de Tréoultré, de Kérity et de Saint-Pierre qui composaient la paroisse, n'ont à aucun moment formé une seule et même cité. Elles étaient, autrefois comme de nos jours, reliées entr'elles par des groupes de maisons distants d'une centaine de mètres les uns des autres. Le territoire à défendre était trop vaste pour être clos de remparts ; mais ça et là se trouvait un manoir dont les murs d'enceinte pouvaient porter quelques canons de petit calibre. En ces temps de guerres de partisans, ou d'incursions de la part des Anglais ou des Espagnols, un manoir fortifié qui pouvait tenir quelque temps les assaillants. en respect, permettait aux troupes du voisinage d'accourir pour forcer l'ennemi à la retraite.

Nous avons d'abord l'église paroissiale avec son cimetière, point de défense contre l'ennemi arrivant de la direction de Pont-l'Abbé ; et lieu de refuge pour les habitants du bourg et des villages voisins. Entourés de retranchements et de palissades, ils pouvaient défier longtemps les attaques des assiégeants, et ce n'est que par surprise que La Fontenelle en 1595 put s'en emparer.

Au nord et tout près de l'église, ce sont les rues Donge, Drouallen et Gorray ; et à l'est le manoir de Kerlaérec duquel dépendait la métairie du Gorray. Les Drouallen étaient seigneurs de Kérazan en Loctudy. Kerlaérec appartenait en 1481 à Bertrand Lézongar, ensuite à escuyer Guillaume de Kerlaérec s^r de Botbellec en Plobannalec. Marie de Kerlaérec épousa s^r le Héder Kerlambert, de Tréoultré... Plus près du bourg, c'est le manoir de Kerdavid dont était propriétaire dame Marie de Méabé douairière de Kervéréguin (Loctudy), veuve de René Kervéréguin, notaire royal en 1598. Cette famille possédait également le manoir de Kervinigan dans le village du même nom, à peu de distance et à l'ouest de l'église paroissiale.

Deux cents mètres plus loin ; c'est le Pénity dont les murs portent encore des restes de fortifications. Ce manoir est aujourd'hui maison d'école publique de filles, après avoir servi de résidence aux prêtres de la paroisse jus qu'en 1877. Au-dessus d'un portail à arcades rondes s'étend un rempart à machicoulis dont la plate-forme pouvait recevoir des canons de petit calibre. On y accède de l'intérieur de la cour par un escalier de pierres de taille. Derrière cette demeure fortifiée se trouve le manoir de Pors-Lambert auquel était jadis attachée une maison de dîmes (1). Ce dernier édifice surmonté d'un clocheton ajouré existe encore dans un état de conservation parfaite. C'est peut-être un des rares spécimens de ce genre. Nous nous permettons de le signaler à l'attention de l'administration des Beaux-Arts

(1) Revenus ou dîmes affermées par actes notariés du 1er juillet 1784 :

Revenus en froment	1.350 livres.	
Revenus en orge	611 »	3 sols.
Revenus en blé noir	10 »	
Revenus en seigle. . . .	6 »	
Revenus en paille d'orge . .	30 »	

TOTAL des revenus du béné-fice, cure de Tréoultré-Penmarc'h. . . . . . 2.007 livres 3 sols.

Charges du dit bénéfice-cure :

Réparations.	18 livres.
Cueillette des dîmes	16 »
Acquit de fondation	252 »
Portion congrue du vicaire . . .	230 »
Contribution ou dons gratuits accor-dés au roi.	165 »
Vente et transport des grains. . .	234 »

TOTAL des charges. . . . . 915 livres.

(Archives municipales.)

pour éviter qu'il ne subisse le sort de tant
d'autres monuments anciens de la paroisse. En
ces temps où l'on percevait la dîme, la charrette chargée de gerbes passait sur l'arcade ogi-
vale et ressortait par l'autre porte, après avoir
jeté au préalable le nombre de gerbes fixé par
la coutume. Le grenier situé au-dessus du bâtiment servait à remiser les gerbes. Jean Toula-
lan de la famille des seigneurs de Kerfeuntenic
en Plobannalec était également seigneur de
Pors-Lambert ou Kérezrec. A côté, existent de
vieilles maisons à portes sculptées, propriété de
gens riches, commerçants ou bourgeois. Plus
loin, dans les terres, étaient le manoir de
Kérontec ou Kéraondu, autrefois à Henry de
Kérouant, celui de Kerlégristy ou Kerléguestric,
d'abord au s^r de Pellendés, puis à Hascoët le
Harzer et en 1564 à Rolland de Guermeur seigneur de Coatrozec'h, et enfin le manoir de
Kerganten à Marguerite. Le Divanac'h veuve
en 1542 de Jean de Kérouant de Plonéour-
Lanvern. Lors des guerres de religion, le s^r de
Kérouant, sa femme et son fils avaient abjuré
leur foi pour se faire huguenots. Par crainte
des Ligueurs, ils s'étaient retirés au château du
Pont avec une partie de leurs richesses, « force
vaisselle d'argent pour servir trois ou quatre
plats, des joyaux et autres meubles de prix et
en grand nombre, » mais tout fut perdu, nous
dit le chanoine Moreau. Le château assiégé par
le s^r de Lézonnet, gouverneur de Concarneau
dut capituler. Le s^r de Kérouan et son fils faits
prisonniers ne purent recouvrer leur liberté

Grange dimière de Pors-Lambert.

que moyennant une rançon de cinq mille écus.
Les troupes de Penmarc'h avaient pris part à
ce siège.

Revenons à Pors-Lambert pour suivre le chemin qui encercle le bourg de Tréoultré à l'Ouest et au Sud. Nous tombons immédiatement
dans la rue Dronsart qui mène au manoir de
Kérellec, distant d'une centaine de mètres.
Obliquant vers la gauche, on a la rue Strayer
qui touche à la voie romaine de Pont-l'Abbé à .
Kérity. Le village auquel aboutissait cette rue
appartenait à Yvon Bénic s^r de Kerguennou,
après avoir été la propriété de Guillaume
Pénalan s^r de Kerros. La rue Saliou avec ses
ruines de maisons et de clôtures de jardins fait
suite à la rue Strayer et dépendait d'Adelice
Cozic.

Non loin de là, et tous près des marais, le
village de Kélargant s'avance au coin du fer
à cheval qui comprend au milieu l'important
manoir de Pors ar Gosquer, sentinelle avancée
en face de la grève blanche, où pouvait s'opérer
facilement un débarquement de l'ennemi. Ce
manoir avec ses deux portes cintrées, dont l'une
est surmontée d'une statuette en Kersanton
de sainte Thumette, patronne de Kérity, est
entouré de fortifications rappelant celles du
Pénity. Il appartenait à la fin du xviie siècle à
Anne Danyel, veuve du s^r Frollo de Kerlivio,
et en 1732, il devenait la propriété de l'église
de Tréoultré. Les canons qui servaient à sa
défense débouchaient à l'extérieur par trois
ouvertures pratiquées dans les remparts. La

porte d'entrée de la cour donne sur la rue Croizic. Cette rue, ou plutôt ce sentier a une longueur d'une centaine de mètres, et finit au manoir de Pors ar Paign dont les démolitions ont été utilisées pour des constructions modernes. Encore actuellement, les travaux exécutés dans les champs voisins mettent à jour des pierres de taille, restes de bâtiments anciens. Le s^r Le Paign était en 1680 notaire royal à Kérity.

En face, plus près de la mer, se trouvaient le manoir de Kervellec et à un kilomètre à gauche : la rue Baccus, ainsi appelée du nom du propriétaire du village. Dans cette rue qui aboutissait à Kersunez, existait une chapelle dont les ruines elles-mêmes ont disparu, lors de la construction de la ferme actuelle. Le voisinage de Lannorogan ou Langourougan explique l'existence de cette chapelle. (Lan-monastère ou fief religieux).

Au nord de ce village est Kergadien avec son moulin appartenant à Jean de Kersaudy de Plomeur qui se fait représenter à la montre de 1481 par Jean, son fils, archer en brigandine. Plus près du bourg, et non loin de la gare actuelle, nous avons la grosse agglomération de Kergazégan avec son manoir qui fut d'abord la propriété de Jean de Quilliourc'h, puis de la famille de Kéranroués et enfin de Jean de Rochan.

Ne quittons pas le quartier de Tréoultré sans signaler le manoir de Kéréon, situé au nord-ouest du bourg, sur les bords du canal qui

séparait la paroisse de Penmarc'h de la trève de
Saint-Guénolé. Ce village appartenait à Charles
L. Honoré de la famille des seigneurs de la
Forest en Loctudy et arrière-neveu de l'histo-
rien, le chanoine Moreau.

§ II. — Kérity

La ville de Kérity et ses faubourgs, c'est la
région hantée de glorieux souvenirs, où il
n'est pas cependant impossible, quoique prétendent certains auteurs, de démêler l'histoire
d'avec la légende. A chaque pas nous rencontrons des ruines, des manoirs croulants, tout
ce qui est demeuré des dernières splendeurs
de l'opulente cité.

Après avoir traversé le pont Ninon distant
d'environ un kilomètre du bourg paroissial,
nous nous trouvons dans le quartier de Kérity.
Autrefois, dit-on, Kérity et Tréoultré étaient
reliés par une allée bordée de grands arbres
et de maisons. Plusieurs de ces édifices portent
encore le cachet des xve et xvie siècles. Cette
allée partait de Pors-Lambert, passait par la
rue Dronsart, les villages de Kérellec et de Poulgallec. La langue de terre ferme située entre les
dunes et marais du sud et les marais de Lescors
était autrefois bien moins large que de nos jours.
La culture a gagné du terrain vers Kerlégristy,
et là, où il n'y avait naguère que des eaux
stagnantes avec leurs roseaux, se voient
aujourd'hui des prairies et des champs fertiles.

L'envahissement des eaux, surtout dans la saison d'hiver, rendait cette région d'un accès difficile, Cambry nous raconte qu'il lui arriva de s'embourber avec son cheval dans le gué de Pont-Ninon.

A l'entrée de Kérity, nous trouvons le village de Penn-a-ger (entrée de la ville) qui dut faire partie d'un manoir important, d'après ses nombreuses servitudes et comme l'indiquent son puits et ses pigeonniers. Le manoir appartenait à Pierre Soubly et à Jeanne Laurens sa femme. Aux abords de ce village existait un grand dolmen qui fut détruit en 1820, lors de l'ouverture de la route de Penmarch au phare de Saint-Pierre. En face était Kersidan, d'abord à Hascoët le Harzer, puis vers 1528 à Isabeau de Trémillec, dame de Gouénec'h.

A quelques mètres plus loin, aux portes mêmes de la ville, nous avons le manoir de Penn-ar-Pont (tête du pont) dont Henri Floc'h était seigneur, et l'important château de Kérouzi qui devint la citadelle de Kérity. Cette place forte qu'il fallait réduire ou emporter d'assaut avant de pouvoir pénétrer dans la ville, est close par un fort mur crénelé dans lequel s'ouvrent deux portes monumentales. De chaque côté de la maison d'habitation est une large meurtrière, et il semble que ce fort était protégé au nord par une douve qu'il était facile de combler par les eaux du marais voisin. Cette citadelle subit deux sièges, l'un en 1595 par La Fontenelle, et l'autre en 1597, par Sourdéac, gouverneur de Brest.

A Kérity même, outre l'église de sainte Thumette construite à l'instar d'un fort, on remarque plusieurs maisons fortifiées, principalement dans les quartiers de Guernevez ou Ville-Neuve et de Bourg-les-Bourgs. Aux alentours de la ville, à l'est, étaient la maison ou manoir de Poulglas qui dépendait de la Confrérie du Rosaire de Tréoultré, et le manoir de Kérandraon dont était seigneur messire Jean de Guengat, époux de Péronelle de la Coudraie, de la paroisse de Tréméoc. A l'ouest, non loin de Bourg-les-Bourgs, c'est le village de Kervily dont les ruines attestent l'ancienne importance. La mer, à cet endroit, laisse encore voir des traces de cales et d'escaliers formées d'immenses pierres de taille. Gabriel P. de Ritalongi prétend que cette anse constituait l'ancien port de Kérity. Cette assertion aurait eu quelque vraisemblance, si ces cales s'étaient trouvées de l'autre côté de l'anse de Kervily. Il n'est guère admissible que les habitants de Kérity aient songé à construire leur ville si loin de leur port. Il suffit d'ailleurs de considérer la côte semée d'écueils dans ces parages pour se convaincre que tout débarquement y était impossible, du moins pour tout autre bateau que de simples canots de pêche. Ces cales et ces escaliers servaient à remonter de la grève sur des civières le goëmon récolté sur les rochers ou jeté à la côte par la tempête. Il existait autrefois à Kervily une chapelle dédiée à saint Laurent. Quelques vieillards se rappellent en avoir vu les ruines.

Au nord-ouest, dans les terres, c'est Kerbézec avec son manoir fortifié qui appartenait au xv° siècle à Jacques de Guengat et à sa dame de la famille des Languéouez de Plonéour. Les riches seigneurs de Kerbézec, dit-on, tapissaient de soie, à l'occasion de la Fête-Dieu, la route qui conduisait de leur manoir à la fontaine de saint Nonna située à Kergadic et distante de trois à quatre cents mètres. Les seigneurs de Penn-ar-Pont en faisaient autant, de sorte que d'un manoir à l'autre, le parcours de la procession était recouvert de tapis de soie. Cette tradition n'a rien d'invraisemblable. Les transactions commerciales de Kérity avec l'Espagne et le Portugal permettaient aux riches armateurs d'acquérir, en échange de leurs marchandises, les produits de ces contrées. Le manoir de Kerbézec avait gardé presque intactes jusqu'à ces jours ses belles fortifications, et il est regrettable qu'on ait abattu ses murs crénelés pour en faire entrer les pierres dans la construction d'une maison d'école. Le beffroi qui dominait ce village sonnait autrefois l'alarme à l'approche de l'ennemi et servait également de poste d'observation. Aujourd'hui encore la maison d'habitation garde son aspect de riche gentilhommière.

Quant à la fontaine de saint Nonna, elle subsiste toujours, mais elle n'a plus son cachet d'antan. Les bancs de pierre qui l'entouraient ont disparu pour faire place à un lavoir public. Elle rappelait un épisode de la vie du saint patron de la paroisse. La tradition locale rap-

porte que Nonna, débarquant de son île à Saint-
Pierre, avait pris en mains un immense galet
qu'il devait déposer à l'endroit où Dieu voulait
qu'il construisît une église pour ses nouveaux
paroissiens. La pierre était pesante, et le saint,
fatigué, était assis au bord du chemin où il fit
jaillir une source pour étancher sa soif. C'est à
cet endroit que la piété des habitants fit construire une fontaine. S'attaquer à ces vestiges et
souvenirs du passé, c'est faire disparaître un
peu de l'histoire et de l'âme d'un pays. Que de
souvenirs des temps anciens auraient pu être
conservés dans ces régions si l'ignorance, l'appât du lucre ou l'instinct de destruction ne
s'étaient trop souvent donné libre carrière.
Fréminville nous raconte que dans un premier
voyage qu'il fit au commencement du siècle
dernier à Kérity et à Saint-Pierre, il rencontra
encore de nombreux vestiges de la grandeur
passée de Penmarc'h ; mais quelques années
plus tard, il ne retrouva plus les pans de murs,
qui cependant ne semblaient pas menacer
ruine, ni les clôtures de maisons et de jardins,
témoins survivants de la richesse des habitants
de ce pays. Le tout s'était écroulé sous l'action
du temps aidée sans doute par la main des
hommes.

Le dernier manoir dont nous avons à faire
mention se trouvait non loin de la fontaine de
saint Nonna ; c'était le manoir de Kerfézec ou
Kerfec qui dépendait jusqu'au milieu du
XVIᵉ siècle de Jean de Pratouarc'h et de Marie
Le Floc'h, sa femme. Leur fils Jean, seigneur

de Kérillio, est signalé à Plomeur à la réforma-
tion de 1536. Kerfézec devint ensuite la propriété de Pierre Kernussan, sergent de la
Tréoultré.

Nous venons de voir que, du côté de la
terre, la ville de Kérity était entourée de différents forts tels que ceux de l'église paroissiale,
du Pènity et de Pors-ar-Gosquer. Elle était protégée elle-même par la citadelle de Kérouzi, et
le manoir fortifié de Kerbézec. A l'ouest, la
tour de Saint-Pierre servait de poste de guetteur,
et la mer, semée de récifs à cet endroit, constituait une défense naturelle défiant toutes les
attaques. Quelques navires de guerre que Kérity
possédait pour protéger sa marine marchande,
mettaient en même temps son port à l'abri
d'un coup de main.

Plusieurs des chemins, parmi les pans de
murs, les fondations en pierres de taille et les
décombres de Kérity portent des noms de rues.
Bien que ne constituant plus aujourd'hui que
des sentiers, ces rues sont encore reconnais-
sables. Elles ont gardé d'un côté leur bordure
de pierres taillées et n'ont été rétrécies de l'autre
qu'au profit des champs voisins ou de nouvelles
constructions.

Le terme de rues dans toute la presqu'île de
Pont-l'Abbé, dit M. Trévédy, s'appliquait com-
munément aux petits sentiers ruraux qui
reliaient les villages. Cette assertion est vraie
pour les rues de Tréoultré qui prenaient les
noms des villages qu'elles desservaient ou des
manoirs qui en étaient le principal ornement ;

mais elle est moins justifiée pour les rues de Kérity bordées des deux côtés de magasins et de maisons de marins, de négociants et d'armateurs. Ces rues, assez larges cependant pour le passage d'une charrette, étaient, si l'on veut, plutôt des ruelles, excepté la grand'rue qui traversait la ville dans son milieu, mais elles n'avaient rien du caractère de sentiers ruraux reliant des villages. Nous concédons volontiers, à l'encontre de la tradition que rapporte E. Souvestre, que Kérity n'a jamais été une grande ville comme Nantes ; mais on doit reconnaître que c'était au xv° siècle un centre urbain et commercial d'une certaine importance.

La carte ci-jointe rétablit d'une façon à peu près exacte la physionomie ancienne de Kérity-Penmarc'h (1).

En partant de Penn-a-ger pour se diriger vers le centre de la ville, on passait entre le manoir de Penn-ar-Pont et le château de Kérouzi par des rues dont il nous a été impossible d'établir l'identité. Toutes les rues situées à droite de la grande artère convergeaient vers la place de Marc'had an ed ou Marché au blé. C'est d'abord la rue Capiten avec ses puits dont la margelle dépasse à peine le niveau du sol ; puis c'est la rue des Marchands ou des Orfèvres qui allait directement jusqu'à la place du Marché. En face de l'église nous avons la rue Sainte-Thumette qui se terminait à la rue Jaffry

(1) V. Carte à la fin du volume.

dont la rue Lenn était le prolongement jusqu'à la mer. Les quartiers de Bourg-les-Bourgs et de Guernevez étaient reliés par une venelle ; mais ce dernier faubourg atteignait Marc'had an ed par la rue Sâl.

Du côté de l'église, nous trouvons trois rues dont les abords ont sans doute changé de physionomie depuis le xv⁰ siècle ; mais elles n'en subsistent pas moins avec les proportions qu'elles avaient à cette époque. Deux d'entre elles, l'une au Nord, la rue Bescond, l'autre au Sud, la rue Nevez ou Neuve étaient pavées. La troisième, la rue Longès, aboutissait aux Talarou, ou limites de la ville. Elle était ainsi appelée du nom de Jehan Longès capitaine de la nef le « Nicolas » lors de la guerre de 1487 entre François II, duc de Bretagne, et le roi de France Charles VIII.

Un acte notarié du 31 décembre 1814 nous donne les noms de quelques rues et manoirs de Kérity. La Confrérie du Rosaire de l'église de Penmarc'h mettait en location certaines terres et édifices qu'elle possédait dans ce quartier, notamment un champ, un pré et un courtil. Le champ s'appelait parc Poulglas, situé sur l'emplacement du manoir de ce nom. Il donnait au midi sur le chemin qui menait de Kérity au manoir de Kérandraon ; au levant sur le passage de la rue Longès à la grève ; au nord sur la route du Marché au blé au moulin du Talarou ou de Kérandraon. Au nord du courtil se trouvait un champ dépendant du manoir de Kérun. Le tout fut loué à Jean

Thomas Daoulas, négociant à Pont-l'Abbé,
place du Marhallac'h, à Henri Jézégabel,
ancien capitaine au long cours, demeurant au
Bourg-les-Bourgs-en-Kérity, et à Jeanne Catherine Le Donche, veuve de Jean-Jacques, propriétaire, demeurant rue Bernard, au bourg de
Kérity.

La fabrique du Rosaire se réservait « les
bois propres à merrain », en y comprenant les
chataîgniers et les noyers qui se trouvaient sur
ces terrains ou autour des édifices. Le territoire de Kérity n'était donc pas, à une époque
relativement récente, aussi dénudé que nous le
voyons aujourd'hui. La même remarque peut
se faire pour les autres quartiers de la paroisse
de Penmarc'h (1).

(1) Archives paroissiales.

CHAPITRE IV

Penmarc'h aux XVe et XVIe siècles.

Quelle était à cette époque l'importance de Penmarc'h, soit comme ville maritime, soit comme port commercial ? Sur cette question les historiens ne sont guère d'accord. Tous cependant reconnaissent que c'était un des principaux ports de pêche et de commerce de la Bretagne.

D'après les anciens portulans et routiers, par exemple le routier de la mer de Garcie dit Ferrande, composé entre 1483 et 1500, la presqu'île de Penmarc'h était le point d'atterrissage remarquable que venaient reconnaître dès le moyen-âge, les bateaux à destination des ports du golfe de Gascogne.

C'était une ville importante, dit le chanoine Moreau. Penmarc'h pouvait fournir 2500 arquebusiers. En 1595, La Fontenelle vint assiéger la ville et s'empara par surprise des deux principaux forts, celui de l'église paroissiale et celui de Kérity, malgré les retranchements et les palissades qui les défendaient. Plus de 300 navires, bateaux et barques de tous volumes transportèrent son butin à l'île Tristan, son fort de Douarnenez.

Bertrand d'Argentré qui écrivait au xvie siècle rapporte que Guillaume de Wilford, amiral d'Angleterre, « prit sur mer un grand nombre de vaisseaux jusqu'au nombre de quarante, venant de La Rochelle, chargés de vin, fer et huile jusqu'au nombre de mille tonneaux, brûla les vaisseaux, puis prit terre à Penmarc'h et entrant au pays de Bretagne, brûla et pilla environ six lieues de pays et en iceluy la ville de Saint-Mahé ». A quel port appartenaient ces navires ? On peut, avec dom Lobineau, croire sans invraisemblance qu'ils étaient de Penmarc'h, car à cette époque ce port possédait une nombreuse flottille marchande, mais comme le texte de Bertrand d'Argentré garde le silence sur ce point, il est permis, avec d'autres écrivains comme C. Vallaux, d'admettre une opinion différente.

Dom Taillandier (1750), continuateur de dom Maurice, affirme comme le chanoine Moreau que les habitants de Penmarc'h étaient riches et formaient une espèce de république. Voici ce qu'il écrit au sujet de la reprise de Penmarc'h par Sourdéac en 1597 :

« Sourdéac se détermina à attaquer le château de Penmarc'h. Ce bourg, l'un des plus considérables qui soient en France est composé en quantité de hameaux de soixante à quatre-vingts maisons qui ne sont distants les uns des autres que de la portée de l'arquebuse. Avant que La Fontenelle l'eût pris c'était le plus riche bourg de Bretagne. Les habitants avaient plus de cinq cents bateaux, sans compter ceux qui portaient du poisson sur les côtes du Royaume. Avant la guerre, on comptait dans Penmarc'h dix mille matelots bien armés et bien équipés ».

Ogée, dans son *Dictionnaire géographique de Bretagne*, et Cambry, dans son livre *Voyage dans le Finistère en 1794*, parlent de Penmarc'h comme d'une ancienne ville florissante.

Le chevalier de Fréminville, dans ses *Antiquités du Finistère*, explique ainsi l'importance de Penmarc'h :

« Qui peut avoir porté à bâtir une si grande ville dans un lieu si écarté, si solitaire ? Voici comment nous répondrons : Les habitants de Penmarc'h étaient, dans des temps déjà fort éloignés, d'intrépides et hardis marins. Leur habileté, leur expérience de la mer leur attira la confiance, et tous les riches propriétaires de Cornouaille leur confièrent, de préférence à tous les autres, les marchandises dont ils voulaient trafiquer. Un établissement maritime se forma donc à Penmarc'h et la ville se forma et s'accrut progressivement. Dès le xiiie siècle, elle était déjà très populeuse. Une circonstance particulière augmenta la source de ces richesses. A trente ou quarante lieues, dans l'ouest de la pointe de Penmarc'h, se trouvait, à certaine époque de l'année, un banc considérable de morues. La pêche de ce poisson devint l'objet principal des spéculations des armateurs de Penmarc'h. On en voit la preuve dans un titre de l'an 1266 publié dans les *Anciens jugements de la mer* (1). En

(1) Article 26, page 87, des *Constitutions du duché de Bretagne*.

outre, la ville de Kérity-Penmarc'h faisait, aux xive et xve siècles, un commerce très étendu de grains et de bestiaux, toiles, chanvres, avec les ports espagnols de la Galicie et des Asturies. L'appât des bénéfices immenses qui en résultaient, séduisit tant de monde que les laboureurs des paroisses environnantes négligeaient la culture des terres pour accourir à Kérity-Penmarc'h et s'y livrer au trafic. Une ordonnance du roi Henri II, datée de 1556, accorda aux arquebusiers de Penmarc'h le privilège du papegai ou papegaut (1), privilège qui n'était pas accordé aux localités de minime importance. »

Si même, l'on s'en rapporte à la tradition, dit Souvestre, Penmarc'h fut autrefois aussi considérable que Nantes. Dans un mémoire présenté au Congrès de géographie de Nancy, M. le lieutenant Devoir écrivait : « La ruine de la populeuse cité de Tréoultré-Penmarc'h est un fait historique. »

Tout, dit M. C. Vallaux, à qui nous devons la plupart de ces détails, tout n'est pas faux dans ce tableau, mais la fantaisie et la légende y ont aussi une large part. Pour le prouver, il s'appuie sur l'article publié par M. Trévédy en 1891 dans le *Bulletin de la Société archéologique du Finistère*. Cet article combat quel-

---

(1) Tirer le papegaut consistait à abattre d'un coup d'arquebuse un oiseau de carton ou de bois placé comme cible au bout d'une perche. L'adroit tireur, comme récompense, pouvait débiter jusqu'à 45 tonneaux de vin, exempts de tous droits.

ques-uns des arguments invoqués en faveur de
la grandeur passée de Penmarc'h.

« Le privilège du papegaut, y lisons-nous,
était souvent octroyé à des localités de minime
importance. » Mais était-il refusé à des
paroisses plus florissantes ? « L'article 26 des
« Anciens jugements de la mer », ajoute
M. Trévedy, parlant de la pêche de la morue,
ne fait nullement mention de Penmarc'h, et
la Constitution ducale de Jean V, en 1424,
interdisant l'exportation de certaines denrées
alimentaires et des matières premières nécessaires à l'industrie régionale ne cite pas d'une
façon spéciale cette dernière localité.

Nous montrerons nous-même, à l'aide de
documents, qu'à défaut de morue, le port de
Kérity faisait un important commerce de
merlus qui suffisait à sa prospérité. Quant à
l'ordonnance de Jean V, elle n'avait pas à
désigner expressément tel ou tel port, puisqu'elle visait dans leur ensemble tous les ports
de la Bretagne. « Faisons expresse défense à
tous et chacun subjects de non tirer et mettre
hors par eux, ne par aultres, ne bailler à
estrangers pour les tirer ne mettre hors, nuls
ne aulcuns des dicts vivres, denrées ne aultres
choses quelconques... et ce soubs le congé et
licence de nous. »

Cette défense atteignait Penmarc'h comme
tous les autres ports de la province, puisqu'il est
hors de conteste, comme nous le prouverons
plus loin, que Kérity-Penmarc'h était au xvᵉ siècle un port important de pêche et de cabotage.

Enfin, il reste encore le chiffre de dix mille matelots bien armés et bien équipés, dont parle dom Taillandier, et que M. Trévidy qualifie d'hyperbolique et d'improbable. Ici, nous serons sans peine de son avis. Admettre l'exactitude de ce chiffre serait accorder à la population entière de Penmarc'h une paroisse qu'on pourrait évaluer à plus de 40.000 habitants, car outre les marins qui se livraient à la pêche ou au cabotage, il faudrait compter les femmes et les enfants, ainsi que les personnes qui s'adonnaient au négoce ou aux travaux des champs. Cette paroisse aurait eu à elle seule plus de la moitié de la population départie en 1794 aux deux arrondissements ou districts réunis de Quimper et de Pont-Croix. D'après Cambry qui nous donne le chiffre officiel de la population du département du Finistère, ces deux districts n'avaient que 78.062 habitants. Réduisons, si l'on veut, au tiers le chiffre de dom Taillandier, il nous restera encore plus de 3.000 marins à Kérity-Penmarc'h, nombre assez considérable pour faire de ce port l'un des plus importants de la Bretagne. Quels étaient dans la province aux xv° et xvi° siècles les ports qui pouvaient armer plus de 3000 matelots ? Aussi l'on comprend que, vu son importance et son activité commerciale, Penmarc'h ait eu le droit d'envoyer en 1571 un député aux Etats de Bretagne.

Quel était à cette époque le chiffre de la population de Penmarc'h ? L'absence de documents officiels ne permet guère de le fixer d'une façon certaine, mais certains détails significatifs nous autorisent à croire que cette paroisse était l'une des plus populeuses de la Basse-Bretagne. Les ruines éparses en si grand nombre sur le territoire de Kérity et de Saint-Pierre, ainsi qu'en différents endroits de Tréoultré, attestent que Penmarc'h eut autrefois une population beaucoup plus dense que de nos jours. Les 2.500 arquebusiers de cette paroisse, et les 300 ou 500 barques ou navires que possédait le port de Kérity nous permettent, avec la plupart des historiens, d'évaluer la population globale de Penmarc'h à dix ou douze mille habitants. Nous allons, à notre tour, après tant d'écrivains qui l'ont si diversement jugée, étudier à la lumière des faits, l'importance de cette paroisse, au temps de sa grande prospérité, c'est-à-dire aux XVe et XVIe siècles.

CHAPITRE V

Pêcheries et Sècheries.

Une industrie très développée et fort lucra-
tive autrefois a presque disparu de nos jours ;
c'est la sècherie ou fumure du poisson, et
spécialement des congres, juliennes, maquereaux et merlus. Jusqu'au xvii° siècle, des
navires partaient de Penmarc'h, Camaret et
Concarneau, chargés de merlus secs qu'ils
allaient porter sur toutes les côtes de France
et même d'Espagne. Les lieux principaux de
pêche et de sècherie, nous dit M. Trévédy,
paraissent avoir été, dès le xiii° siècle, les
environs de Concarneau et les côtes de la
baronnie de Pont-l'Abbé.

Les pêcheries de Saint-Mathieu, dans le Léon,
étaient affermées par le Duc, dès le 4 mai 1279,
à sept marchands de Bayonne, mais cet accord
ne fut pas de longue durée. Les Léonards ne
tardèrent pas à se brouiller avec les Basques.
Les pêcheries du Cap-Caval sont au moins aussi
anciennes, mais nous ne trouvons de traces
continues de leur existence qu'à partir du
moment où commencent les actes de la qua-
trième maison de Ponthièvre et les aveux de la
baronnie du Pont. Fréminville et quelques
auteurs prétendent qu'à trente ou quarante
lieues, à l'ouest de la pointe de Penmarc'h, se

trouvait un banc considérable de morues, et que la vente de ce poisson devint l'objet principal des spéculations des armateurs du pays. C'est là une affirmation qu'aucune preuve sérieuse n'appuie. Tous les anciens documents qui parlent de l'industrie et du commerce du Cap-Caval ne citent en fait de poissons exportés que les sardines, maquereaux, congres, juliennes, et surtout les merlus. Les bateaux qui entrent au port de Nantes, de Royan et de Bordeaux aux xv⁰ et xvi⁰ siècles n'apportent comme cargaison, outre les céréales, que des merlus salés ou fumés. La même conclusion ressort de la bulle du pape Martin V (1428) en réponse aux doléances des marins de Penmarc'h.

Ces derniers, dans leur requête à Rome, représentaient au Pape que la saison de la pêche aux merlus correspondant aux quatre mois : mars, avril, mai et juin, se trouvait coupée de nombreuses fêtes qui étaient autant de jours de chômage. Ce poisson était leur ressource essentielle. Il était la base de leur alimentation, comme l'objet de leur principal trafic. La pêche, ajoutaient-ils, se pratiquait de nuit, et sans qu'on eût à s'éloigner à plus d'une journée de navigation. Ne serait-ce pas dans ces parages que se trouvait le banc de morues dont fait mention Fréminville ? Les marins de Kérity virent leur requête agréée en Cour de Rome. Ils devaient en retour abandonner pour les pauvres une part convenable du produit de leur pêche, mais cette quantité était laissée à l'inspiration de leur conscience. En 1479, le pape Sixte IV leur permit également de pêcher à certaines fêtes de l'année qui restaient obligatoires pour les autres fidèles : mais les dimanches, l'Ascension, la Saint-Jean et la Saint-Pierre étaient formellement exceptés.

C'était donc le merlus et non la morue qu'on pêchait à Penmarc'h au xv° siècle. Cette pêche était soumise à certains règlements édictés par la baronnie du Pont et la maison de Penthièvre. Les droits perçus par les seigneurs étaient compris sous les titres de vaccantage, marénage, pêcherie et sècherie. Le terme vaccanteurs désignait probablement les marins de commerce, tandis que les maréans seraient plutôt des hommes de l'équipage des bateaux de pêche. Nous lisons, en effet, dans un procès-verbal rédigé en 1706 par le procureur fiscal de la juridiction de la baronnie du Pont, « les maîtres de bateaux feraient l'enrôlement des pêcheurs et maréans qui avaient été avec eux dans leurs bateaux depuis le dit temps. »

Un mémoire de 1709 établit que « les seigneurs du Pont étaient inféodés de temps immémorial envers le roi du droit de pêcherie, sècherie et vaccantaige dans les paroisses de Loctudi, Plonivel, Treffiagat, Tréoultré et Combrit, suivant l'aveu de Pierre du Pont du 29 mars 1480 et celui d'Hélène de Rohan du 11 novembre 1494. »

L'exercice de la pêche sans autorisation entraînait la saisie et la confiscation des poissons et des instruments de pêche, ainsi que la condamnation de chaque homme à trois livres d'amende. C'est ainsi qu'aujourd'hui le braconnier pris en flagrant délit de chasse voit le gendarme lui confisquer son fusil, son gibier et dresser contre lui un procès-verbal qui aboutit à une amende. Ajoutons cependant que si le braconnier ne peut se soustraire aux conséquences de son délit, il n'en était pas de même du marin qui avait bec et ongles pour se défendre contre les exigences seigneuriales.

Les pêcheries qui dépandaient de la seigneurie de Penthièvre comportaient au point de vue des droits, des maîtres, compagnons, pages ou mousses et vaccanteurs ou marins de commerce. A Plomeur et à Tréoultré, les pêcheurs maîtres et compagnons payaient chacun 63 sols 9 deniers, plus quatre merlus, tandis que les pages ne devaient que 25 sols. A Saint-Guénolé, les maîtres payaient 70 sols et quatre merlus.

Les barons du Pont exigeaient 45 sols par maître et par compagnon ou homme d'équipage qui demeuraient au-dessous du pont Ninon, c'est-à-dire plus près de la mer, et 35 sols pour ceux qui résidaient au-dessus. Chaque maître ne pouvait admettre dans son bateau que quatre pages ou mousses pour le bateau de neuf à dix pêcheurs, cinq pour le bateau douze à seize pêcheurs ; sept pour le bateau de dix-huit à vingt pêcheurs ou au-dessus. La flottille Penmarchaise, dit M. C. Vallaux à qui nous empruntons ces renseignements, était composée d'assez grosses barques dont les plus faibles devaient avoir de quinze à vingt tonneaux, et les plus fortes de trente-cinq à quarante. De tels bateaux pouvaient fort bien se livrer non seulement à la pêche, mais au commerce de cabotage sur les côtes bretonnes dans les intervalles de pêche, et c'est là l'origine véritable de l'importance commerciale de Penmarc'h.

Nous ajouterons même que certains bateaux étaient uniquement destinés au cabotage, et qu'ils sillonnaient les mers, non seulement sur les côtes bretonnes, mais sur tout le littoral ouest de la France, de l'Espagne et du Portugal. Ces navires, en dehors des intervalles de pêche, voguaient au loin pendant toute l'année, ainsi que l'établit le document que nous reproduisons en appendice. Quelques-uns d'entre eux, comme nous le verrons, jaugeaient plus de quarante tonneaux.

Les pêcheries du Cap Caval, appartenant au baron du Pont, aux ducs de Bretagne, puis aux comtes de Penthièvre, furent estimées 1250 livres dans un acte du 2 mars 1439. La valeur de ce droit variait d'une année à l'autre. Le tableau suivant nous permet d'en suivre les fluctuations de 1439 jusqu'au milieu du XVIIe siècle.

Le droit de pêcherie valait en 1439 1.250 livres.
      —   1501 2.000   —
      —   1523 1.845   —
      —   1536 1.200   —
      —   1545 1.133   —

Le droit de pêcherie valait en 1548 1.333 livres.

             —   1585   900   —

             —   1604   300   —

             —   1636   150   —

Au xviie siècle, le baron du Pont évaluait à cent livres le produit annuel de ses sècheries et des redevances qu'il levait dans le Cap-Caval (1).

(1) Références : *Pêcheurs cornouaillais du XVe siècle*, par H. Waquet. *Bulletin*, année 1913. — *Inventaire sommaire des Archives départementales*. Série B, tome III, p. ccxxii. — Trévédy, *Bulletin de la Société archéologique du Finistère*, année 1891. — *Archives départementales* E, 158, 159, 160. Chanoine Peyron, *Op. cit.* — C. Vallaux. *Op. cit.* — *Archives du Vatican.* — Reg. Lateran, 282, fol. 244. *Pro incolis locorum supra mare Corisopitensis diœcesis, facultas capiendi pisces in diebus dominicis et festivis.* 1429, 19 sept. — Gerlozzano.

CHAPITRE VI

Mutineries à Penmarc'h.

Les ducs de Bretagne, et après eux les comtes de Penthièvre, ainsi que les barons du Pont affermaient leur droit de pêcherie sur le territoire du Cap-Caval ; mais les fermiers pour recouvrer leurs créances avaient souvent maille à partir avec leurs débiteurs. Dans les années où, sans doute, la pêche était moins productive, les marins faisaient mille difficultés pour payer leurs taxes, quand ils ne menaçaient pas de jeter les huissiers à l'eau. Ils allaient même jusqu'à contester aux barons du Pont le droit de prélever une redevance quelconque sur la pêche ou la sécherie du poisson. Les habitants de cette paroisse, nous dit un rapport de 1709, ayant été, de tout temps, mutins et rebelles, refusent de payer ce droit bien qu'ils aient été condamnés par deux arrêts du Parlement, l'un en date du 24 octobre 1564, et l'autre du 9 octobre 1674.

Déjà, dès le 1er octobre 1509, Charles Rolland « fermier du debvoir des pêcheries et sécheries de Cornouaille » se plaint au sujet des bateaux pêcheurs qui ont cessé d'aller en mer par crainte des bateaux ennemis. En 1551, les débiteurs passent du refus à la révolte.

Les fermiers s'adressent au gouverneur de Bretagne, Jean de Brosses, duc d'Etampes et comte de Penthièvre qui envoie Jean de Rosmadec et ses soldats combattre la sédition. Ce dernier a d'abord recours à la persuasion et remontre aux habitants qu'ils ont tort de nier les droits du duc d'Etampes. Les marins lui répondent que leurs moyens ne leur permettent pas d'acquitter la taxe, car souvent leurs bâteaux doivent rester au port, sous peine d'être pris par les Espagnols. Devant les insistances de Rosmadec, les marins en viennent aux menaces, et l'envoyé du gouverneur, pour éviter toute effusion de sang, se retire avec ses troupes, après avoir échoué dans sa mission.

En 1698, le s^r Desrobin, recteur de Tréoultré, et le s^r de Kersaux, capitaine de la paroisse, prennent fait et cause pour les marins et les engagent à ne pas payer les redevances que leur réclamait M. d'Ernothon, baron du Pont. Les quatre huissiers, venus pour signifier ce droit, furent rossés d'importance, si bien que l'un d'entr'eux fut laissé pour mort sur place.

En 1706, eurent lieu de nouvelles poursuites qui n'eurent pas un meilleur résultat. M. Corentin Louis Larcher, procureur fiscal, et M. Louis Vacher, sergent de la juridiction de la baronnie de Pont-l'Abbé, s'étaient transportés le 20 juin 1706 au bourg de Tréoultré. Ils étaient venus dans l'intention de signifier à « tous maîtres de bâteaux, seicheurs, maréans et vaccanteurs qui avaient été à la pêche des merlus et des congres, » l'obligation de payer les redevances dues à la baronnie. Ils devaient en outre faire défense aux patrons d'aller en mer sans s'être fait enrôler chez le procureur fiscal, et sans déclarer le nombre des hommes de leur équipage. Les délinquants étaient passibles d'une amende de vingt livres, de la confiscation de leur bateau et du poisson pêché.

Le sergent Vacher, après avoir publié à haute voix les instructions de la baronnie du Pont, afficha une copie de son mémoire à la porte principale de l'église, au moment même de la sortie des paroissiens de la grand'-messe. Un attroupement se forma bien vite auprès de la porte, et chacun commentait à sa façon les ordres du chevalier d'Ernothon. Bientôt les esprits s'échauffèrent et les voix montèrent à un haut diapason. Jacques Le Gat, patron de barque de Kérity, « ému de colère, jurant et blasphémant le nom de Dieu, » se chargea de traduire les sentiments de ses compatriotes. Il s'avança vers le procureur et son acolyte, leur déclarant qu'il se moquait des prétentions de leur maître, et qu'il les trouvait bien osés de venir, à pareil jour, défier toute une population. Il les menaça, s'ils ne se retiraient au plus vite, de leur faire un mauvais parti. Les officiers ministériels, devant l'attitude menaçante des habitants, crurent prudent de déguerpir. Ils se retirèrent chez Jean Gloaguen, aubergiste du bourg, et là ils purent tout à leur aise rédiger leur procès-verbal de carence,

Le chevalier François d'Ernothon qui venait d'acquérir la baronnie du Pont, de M. de Richelieu, neveu du fameux cardinal, ne tenait pas à laisser périmer ses droits sur les pêcheries et sécheries du Cap-Caval. Il en appelait au Parlement de Bretagne pour faire rentrer dans le devoir ses débiteurs récalcitrants. Malgré tous les arrêts rendus contre eux, les marins continuaient à protester et ne cédaient que devant la force. Quand l'occasion se présentera, ils en profiteront pour faire disparaître les titres qui établissaient sur leur industrie les droits des seigneurs du Pont.

Au mois de janvier 1675, quelques mois avant l'Ordonnance dite du papier timbré qui provoqua une révolte dans l'intérieur du pays, un soulèvement contre les exigences seigneuriales eut lieu dans les paroisses situées, entre Douarnenez et Concarneau. Les habitants de la région de Pont-l'Abbé prirent part à ce mouvement séditeux. Ils pillèrent les maisons des fermiers et receveurs de la baronnie, brûlant ou emportant tout ce qu'ils trouvèrent d'archives et de titres nobiliaires.

Le chevalier d'Ernothon était absent lors de cette sédition. Il ne connut les dégâts commis chez le sr. Kerdaniel Alline, son fermier et receveur que par le procès-verbal d'enquête rédigé par le juge de la baronnie, le 24 janvier 1675. Craignant une nouvelle révolte qui eût fait disparaître, cette fois, le reste des papiers échappés à un premier pillage, il donna ordre à ses receveurs de déposer ses titres dans des lieux plus sûrs que leurs propres maisons. Il apprit que beaucoup de ses papiers étaient renfermés dans des coffres appartenant aux paroissiens de Tréoultré. Selon toute probabilité, les titres devaient se trouver, soit dans l'église paroissiale ou la sacristie, soit chez les fabriciens ou le procureur terrien, Jean Le Trevidic ; peut-être même étaient-ils cachés au presbytère et dans quelques maisons particulières ?

Mais comment ces papiers étaient-ils tombés en possession du recteur et des paroissiens de Penmarc'h ? Le baron ne voyait que deux hypothèses à l'explication de ce fait ; ou ces titres étaient un simple dépôt fait par le receveur de la baronnie, ou c'était le produit d'un vol, lors du dernier soulèvement. Les paroissiens s'étaient emparés de ces papiers pour mettre les barons de Pont-l'Abbé dans l'impossibilité de réclamer leurs droits seigneuriaux. M. d'Ernothon exigea que des perquisitions eussent lieu à Penmarc'h chez toutes les personnes soupçonnées de retenir ses titres.

Les principaux accusés étaient Jean Le Trevidic procureur terrien, demeurant au village de Kerbézec, Jean Daniélou fabricien de Tréoultré, Bargain maître-pêcheur et greffier papegaut, et surtout le recteur Bernard Desrobin, et Kersaux, capitaine de la paroisse. Tous refusèrent de laisser visiter leurs papiers. L'un des officiers de la baronnie, le sr de Montalembert, avocat au Parlement et sénéchal de la juridiction du Pont, s'en prit à

M. Desrobin, comme principal auteur de la résistance. De l'altercation on en vint aux injures, et finalement le sénéchal menaça le recteur de lui couper le nez et de l'attacher à son cheval.

Cette affaire allait se compliquer de façon singulière. Les agents du baron avaient, pour faire plier toutes les résistances, réclamé l'aide de plusieurs dragons qui tenaient garnison à Pont-l'Abbé. Les habitants virent là un moyen d'intimidation employé pour rentrer en possession des titres, et, à l'instigation de leur recteur, ils portèrent plainte à leur tour contre les entreprises violentes du chevalier d'Ernothon.

Mgr. de Plœuc, évêque de Quimper, mis au courant de ces faits, défendit au recteur de laisser faire des perquisitions dans les papiers de la fabrique. Pour montrer en quelle estime il tenait M. Desrobin calomnié par certains témoins de l'affaire, il alla jusqu'à demander à ses prêtres réunis en synode de se cotiser pour subvenir aux frais du procès. La plainte des habitants de Penmarc'h avait interverti les rôles, et d'accusateur, le chevalier d'Ernothon devenait accusé !

Les dragons, en résidence à Pont-l'Abbé, avaient été appelés depuis peu à l'armée de Flandre. Ils furent convoqués le 17 juin 1710 devant le marquis de Bernières, maître des requêtes et intendant de Flandre, pour déposer dans cette affaire. Leur témoignage vaut d'être rapporté !

Le s^r des Vaux, lieutenant de la Compagnie de M. Cabanel au régiment de Vassé-Dragon, La Brustrie, cornette du même régiment et le brigadier Cozal, du temps où ils étaient en garnison à Pont-l'Abbé, entendaient souvent vanter les beautés des côtes du Cap Caval. Rien de plus naturel qu'ils aient eu la curiosité de visiter, « ce lieu si renommé de Penmarc'h à présent en ruines, et cette torche de Penmarc'h dont le bruit est si grand quand le temps est gros et que la mer frappe contre les rochers, qu'on l'entend de douze lieues (1) ».

Le 26 février, ils s'entendent donc pour organiser un pique-nique sur le gazon de la côte, et ils partent à cheval en compagnie de plusieurs gentilshommes et de quelques dames et demoiselles de la ville. Mais voilà que six dragons de leur régiment, aussi curieux et aussi amateurs de beaux sites que leurs officiers, demandent et obtiennent l'autorisation de faire partie de la caravane. Les provisions du voyage sont déjà étalées sur la dune, lorsque survient une pluie malencontreuse qui force les excursionnistes à enlever leur couvert et à chercher ailleurs un abri pour déjeuner. Le hasard de la promenade les mène jusqu'à Kérity, chez le s^r Kersaux, capitaine de la paroisse qui leur cède volontiers un de ses appartements. Ils sont tout étonnés de voir, en compagnie de leur hôte, le s^r Desrobin recteur, un marin du nom de Bargain et plusieurs

____

(1) Lettre de M. d'Ernothon à M. de Valincourt à Versailles, pour l'intéresser à son procès.

autres habitants de la paroisse ainsi que les
juges et officiers de la baronnie du Pont. Ils
assistent à une altercation violente entre ces
différents personnages à propos de papiers et
titres que réclamaient les juges. Ils entendent
quelques paroles piquantes et même quelques
injures échangées entre le recteur et le sénéchal,
mais ils n'ont été témoins d'aucun acte de
violence. Pour eux, que cette affaire de papiers
et de querelles personnelles n'intéresse nullement, ils se sont contentés de saluer leur hôte
et de reprendre tranquillement le chemin du
retour. Leur témoignage, comme on le voit,
n'était guère compromettant pour le chevalier
d'Ernothon, mais il est permis de soupçonner
qu'ils ne faisaient que débiter une leçon bien
apprise.

Quel fut le dénouement de cette affaire ? Les
archives ne nous ont pas livré ce secret, mais
tout porte à croire que le défaut de titres de la
part du baron, et d'un autre côté l'obstination
des habitants de Penmarc'h soutenus par le
capitaine de la paroisse et le crédit du recteur,
durent rendre inutiles les poursuites pour le
paiement des droits de la baronnie du Pont.
Le chevalier d'Ernothon n'aurait pas dû oublier
que dans son mémoire, il déclarait les pêcheurs
de Penmarc'h, « actuellement gueux et misérables.. ». et que dès lors, c'était assurément le
cas d'appliquer le proverbe : « Où il n'y a rien,
le roi même perd ses droits » (1).

(1) Voir Chan. Peyron. *Penmarc'h et les barons du
Pont,* — et *Penmarc'h* par C. Vallaux.

CHAPITRE VII

Activité commerciale de Penmarc'h.

Les pêcheries et les sécheries constituaient, comme nous l'avons vu, la principale ressource des habitants de Penmarc'h. L'abondance de poissons dépassait les besoins de la consommation et le surplus ne trouvait pas un débouché suffisant dans les paroisses environnantes. Il fallait donc avoir recours à l'exportation pour absorber tout le produit de la pêche. Mais les communications étaient trop lentes et trop difficiles pour que le poisson pût être expédié sans avoir reçu une préparation ; de là la sécherie, la salaison et la fumure des poissons. Ce besoin d'exportation donna naissance à un service de cabotage qui prit encore un plus grand développement, lorsque les commerçants et les agriculteurs en profitèrent pour trafiquer de leurs marchandises et des produits de leurs terres. Cet échange commercial entre Penmarc'h et les ports du littoral ouest de France et d'Espagne fut pour le pays une source de grandes richesses.

C'est à Kérity-Penmarc'h que se trouvait le principal port de pêche du Cap-Caval. Un centre commercial ne tarda pas à se greffer sur ce centre de pêcheries. Les noms de place de

Marché au blé et de rue des Orfèvres ou des Marchands prouvent l'existence de commerces qui ne pouvaient guère prospérer que dans une agglomération de caractère urbain. D'ailleurs plusieurs des habitants de cette ville étaient qualifiés marchands dans les actes de la baronnie ainsi que dans les actes commerciaux, entr'autres Guillaume Rouzault, Guillaume Pochin et Pierre Toulallan ; ce dernier du village de Kervily, faubourg occidental de Kérity.

Les plus grands navires pouvaient avoir accès dans le port, ainsi que le témoigne Toussaint de Saint-Luc, dans une description des côtes de Bretagne en date de 1664. « D'Audierne, on tourne la coste sans trouver aucun port ou ancrage considérable, jusques à la pointe de Penmarc'h sous laquelle il y a, l'espace de bien une lieue du costé du sud, des escueils et des roches fort à craindre ; mais du costé de l'est, on entre aussi seurement que facilement dans le hâvre de Kérity. Les plus grands vaisseaux peuvent y estre en toute marée sur dix brasses d'eau. » Une digue ainsi qu'une ceinture de rochers et en particulier le groupe des Etocs protégeaient contre les vents de l'ouest et du sud les navires ancrés au port.

Nous avons déjà dit que les bateaux de pêche du xv⁰ siècle étaient d'un plus fort tonnage que ceux d'aujourd'hui, puisqu'ils pouvaient contenir jusqu'au delà d'une vingtaine d'hommes d'équipage. Les navires chargés du transport du poisson dans les ports lointains et surtout ceux dont le rôle était de protéger la marine marchande devaient être encore de dimensions plus considérables. Le service du cabotage avait déjà pris une grande extension dès la fin du xive siècle.

Il existe des états de recettes de la coutume dite de Royan ou de Bordeaux qui signalent les navires entrés dans la Gironde depuis cette époque jusqu'en 1483. Les rôles du xive siècle ne mentionnent pas le port de départ des bateaux, mais les noms des capitaines décèlent fréquemment leur origine bas-bretonne. D'après les comptes inscrits sur les registres des ports de Royan, de Bordeaux et de Nantes, nous pouvons nous faire une idée assez exacte de l'activité commerciale de Penmarc'h au xve siècle.

Les Comptes de 1466 à 1470, et ceux de 1478 à 1483 nous montrent que dix-sept navires de Penmarc'h étaient entrés dans la Gironde après avoir payé des droits au port de Royan. Trois d'entr'eux, le Saint-Nonna, capitaine Jehan Geoffroy, la Sainte-Catherine, capitaine Henri Salaün et le Saint-Alor, capitaine Jouffre le Chatelain avaient comme cargaison quinze pipes de merlus. Les noms des autres capitaines bretons sont très défigurés dans les registres des sorties de Royan. Cependant on peut reconnaître les noms de Perrot Le Boudou, Prénonna Nobile, Yvon Quéré, A Le Tanter, Guimarc'h Le Gouïffec, Guillaume Le Bris, Yvon Le Moal et J. Pierre de Penmarc'h.

Les registres de la Comptabilité de Bordeaux signalent également la présence de nombreux navires venus de Penmarc'h avec des cargaisons de blés et de poissons, et repartant avec des chargements de vins et de bois de construction. Ils nous donnent, avec les noms des bateaux, les noms des maîtres et des marchands et ils permettent d'établir que le port de Kérity faisait le cabotage en toute saison.

Du 1er octobre 1482 au 30 septembre 1483, nous trouvons vingt-sept caravelles de Penmarc'h sorties avec du vin du port de Bordeaux. Vers quelles villes étaient dirigées ces marchandises ? Les noms des marchands qui n'étaient autres que les propriétaires de la cargaison du bateau, nous autorisent à croire que ces tonneaux de vin étaient destinés aux différents ports de la côte ouest de la France, d'Espagne ou de Portugal, et quelques-uns à la région du Cap-Caval. Nous voyons que trois de ces caravelles avaient pour maîtres et marchands trois personnes de Penmarc'h. C'était Guénolé Christien, Guillaume Coulent et Yvon Le Bihan qui commandaient le Saint-Guénolé, la Marie et la Catherine. Ces marchands faisaient le commerce pour leur propre compte, ou peut-être agissaient au nom d'autres négociants de Penmarc'h ou des localités voisines. Les noms de Jehan de Salzédo qui avait frêté le Saint-Nonna dont était maître Yvon Le Broyer, de Jehan Fueilles et de Payes à qui appartenait la cargaison de la Marie et du Julien que commandaient Jacob Le Moullec et

Jehan Brandin, nous semblent être d'origine espagnole ou portugaise. Plusieurs des autres marchands, tels que Gaillard de Bourguières, Jehan de La Perruque, Arnault de Barennes et Raphaël de Cassanne, n'appartenaient certes pas à des familles bretonnes (1).

Nous pouvons nous rendre compte de la cargaison des navires, ainsi que de la valeur des marchandises, d'après les taxes payées par les marchands à la sortie du port de Bordeaux. Les droits étaient de vingt sols tournois par tonneau de vin et de vingt-cinq sols, lorsque c'était du vin de « hault pays. » Le 14 décembre 1481, Guillaume Mahé paie « pour l'issue de deux tonneaux de vin, la somme de quarante solz, » et le 16 janvier 1482, Jehan Derrien « pour l'issue de deux tonneaux de vin de hault pays, » doit verser la somme de cinquante sols. Ceux qui étaient hors de l'obéissance des rois de France, devenus maîtres de la Guyenne, depuis la victoire de Charles VII à Castillon en 1453, payaient un droit supérieur à celui des marchands français et anglais. Ces derniers, toujours gens pratiques, avaient su, tout en perdant cette province, se réserver un traitement de faveur pour leurs transactions commerciales. Il ne payaient que six deniers par livre de marchandise, tandis que les Bretons et les autres étrangers étaient taxés à douze deniers. Le Saint-Nonna de Penmarc'h commandé par Yvon Le Broyer était sorti le

(1) Voir Appendice II.

7 novembre 1482, du port de Bordeaux avec
une cargaison de plus de 192 tonneaux de vin
d'une valeur marchande d'environ 3850 livres.
Une dizaine d'autres navires avaient un charge-
ment dépassant soixante tonneaux.

Le port de Nantes était encore plus fréquenté
que celui de Bordeaux par la marine marchande de Penmarc'h. Les Registres du 1er octobre 1554 au 30 septembre 1555 nous signalent
la sortie de trente-six bateaux de Penmarc'h
dont quinze sont venus sur l'est; les autres
ont apporté du froment, de l'avoine, des
harengs, sardines, merlus et maquereaux.
Presque tous repartent avec du vin nantais ou,
« du vin d'amont ». L'année suivante, nous ne
comptons que douze navires de commerce de
Penmarc'h entrés au port de Nantes. La pêche,
sans doute, avait été moins fructueuse, ou
bien les bateaux s'étaient dirigés vers un autre
port. En 1556-1557, les bateaux de Penmarc'h
sont au nombre de quarante et un. Loctudy
en a vingt-quatre, Concarneau sept et Audierne,
onze. M. Camille Vaillaux qui nous donne ces
renseignements concernant le mouvement
commercial du port de Nantes, ajoute qu'un
seul bateau de plus fort tonnage porta en
Ecosse 53 tonnes de vin et sept tonnes de pru-
neaux. Nous avons vu précédemment qu'une
dizaine de navires du port de Bordeaux en
1482 étaient encore d'un tonnage supérieur.

Penmarc'h était donc avec Morlaix et Ros-
coff, l'un des plus importants ports de com-
merce de la Basse-Bretagne aux xve et xvie siècles.

Ses transactions commerciales lui avaient apporté la richesse, et nombreuses y étaient les demeures opulentes construites par les armateurs et les négociants. C'est de la fin du xv⁰ siècle et du commencement du seizième que datent toutes les églises de Penmarc'h, celle du bourg paroissial de Tréoultré, comme celles de Kérity, de Saint-Pierre, de Notre-Dame de la Joie, de Saint-Guénolé et de la Madeleine. Les navires sculptés sur leurs façades reproduisent les caravelles de l'époque et attestent d'une façon évidente que c'est aux bénéfices de la pêche et du commerce maritime que ces édifices ont dû leur construction. L'édification de ces splendides monuments religieux prouve, sans conteste, qu'à un moment donné de son histoire Penmarc'h a traversé une ère de prospérité inouïe. Il serait vain de prétendre, comme on l'a fait pour certaines cathédrales, que la foi a suffi pour remuer toute une population et la faire contribuer à titre gratuit à la construction d'édifices élevés à la gloire de Dieu et en l'honneur de la Vierge Marie. Alors, pas plus qu'aujourd'hui les églises ne sortaient elles-mêmes de terre ou ne descendaient du ciel portées sur les ailes des anges. Les églises de Penmarc'h n'ont été bâties que pour le service religieux des paroissiens, qui ont dû seuls subvenir aux frais énormes occasionnés par la construction et l'embellissement intérieur de ces édifices.

L'un des plus riches marchands de Penmarc'h était Guillaume an Argan, associé à Nicolas

Coatanlem de Morlaix, dont l'oncle Jean Coatanlem avait commandé une escadre de René de Lorraine, comte de Provence, et était devenu amiral des flottes royales en Portugal. Ce marchand morlaisien avait obtenu du roi d'Angleterre des sauf-conduits pour trafiquer dans ses Etats. D'accord avec ses associés, Guillaume en Argan et d'autres marchands de Morlaix et de Pempoul, il fit transporter en Angleterre du vin de Gascogne et du sel de Brouage. Ces marchandises furent chargées sur des barques de Penmarc'h commandées par Guillaume Gantellet et Yves Le Moullec qui rapportèrent de la houille à destination de la Rochelle. Une grande partie des associés de Coatanlem, comme les Coatanlem de Kéraudy eux-mêmes, appartenaient à la petite noblesse. La profession d'armateur ou de marchand n'avait rien de contraire aux traditions des familles nobles de la province. Plusieurs gentilshommes furent heureux de pouvoir se livrer au commerce pour redorer leur blason. Nous voyons entr'autres. Pierre du Coing de Pont l'Abbé, issu d'une famille qui avait comparu aux réformations et aux montres de la noblesse de 1426, faire au port de Penmarc'h des spéculations si heureuses qu'il put acquérir en 1550 la belle seigneurie de Lescoulouarn en Plonéour-Lanvern.

Des étrangers, en particulier des Espagnols, résidaient à Kérity pour la facilité de leurs affaires. Ils s'y étaient sans doute établis comme négociants, trafiquant des produits de leur pays d'origine que les bateaux de Penmarc'h allaient prendre en Espagne. Ils avaient des relations d'intimité avec les armateurs de l'endroit, tels que les Sâl et les Flamanc. Le 8 mai 1601, au baptême de Paul Calloc'h fils de Paul et de Jeanne Flamanc, nous trouvons comme signatures sur les registres paroissiaux, celles de Sâl, parrain, V. Flamanc, Lorens et Garcia Desalidas (1).

(1) Référence. — *Archives historiques du département de la Gironde*. tomes I et L. — *Inventaire sommaire des Archives départementales*. Série B. —*Revue historique de l'Ouest*. La Marine bretonne aux xv*e* et xvi*e* siècles, *Penmarc'h* par C. Vallaux — *Registres paroissiaux aux Archives départementales*.

CHAPITRE VIII

Navires de guerre

Sous le sage gouvernement des Ducs, le commerce, l'industrie et l'agriculture avaient pris un brillant essor en Bretagne. Partout, dans la province régnait l'aisance sinon la richesse. Pour protéger les navires marchands contre les attaques des pirates nombreux à cette époque, le Duc François II (1458-1488) avait organisé sous l'autorité de l'amiral de Bretagne une flotte d'une dizaine de navires, dite, « le Convoi de la mer. » Les bateaux convoyés devaient payer vingt sols tournois par tonne de marchandise. Sur les réclamations des marchands qui trouvaient cette taxe trop onéreuse, le roi de France Henri II supprima ce droit par une lettre adressée le 7 janvier 1554 à Jean de Brosse, duc d'Etampes et comte de Penthièvre, gouverneur de Bretagne. Le port de Penmarc'h avait quelques navires armés en guerre pour protéger ses bateaux marchands et pouvait se passer du concours de la marine ducale. François II, dans sa lutte contre la France, fera appel au concours des ports bretons et Penmarc'h enverra quelques navires rejoindre la flotte de la Bretagne.

A la mort de Louis XI, les grands seigneurs

tenus jusque-là sous l'obéissance royale, se soulevèrent contre l'autorité d'Anne de Beaujeu, régente du royaume pendant la minorité de Charles VIII. Dunois, duc d'Orléans, fils de l'héroïque compagnon de Jeanne d'Arc, était le principal meneur de la lutte féodale, comme François II en était le soutien. Ce dernier, par crainte du roi de France qui avait des visées annexionistes sur son duché, avait fait alliance avec le roi d'Angleterre et Maximilien d'Autriche. Le gouvernement français poussa les seigneurs bretons mécontents de l'autorité ducale à ouvrir les hostilités. Le vicomte de Rohan, le sire de Quintin son frère, les sires de Pont l'Abbé et de Pluscallec s'étaient jetés sur la Basse-Bretagne.

Dans cette guerre, Penmarc'h resta fidèle au Duc et envoya au secours de la flotte bretonne quelques-uns de ses navires sous les ordres du vicomte du Faou et de Jehan de Quélennec, amiral de Bretagne. Voici, avec les noms de leurs commandants, les nefs, barques et navires de Penmarc'h qui prirent part à cette lutte :

1° Une nef, nommée le Nicolas, maître Jehan Longés et contre-maître Jehan Turques.

2ᵉ Une nef nommée le Clemens de 110 tonneaux, maître, Yvon Lescantin.

3ᵉ Une nef nommée le Pierre, maître Henri Carcou, dit Guillicart.

4ᵉ Une nef nommée le Christophe, maître Hervé Glémarhec.

5° Un navire nommé le Clemens, maître

Gourmel Bras, contre-maître Lorens Kervily.

6° Un navire nommé le Guénolé, maître Laurent Mahé, contre-maître Jehan Le Flo et autres mariniers.

7° Une barque nommée la Fiacre, maître Yvon Le Quin, contre-maître Guillaume Puys et autres mariniers.

Les marins de Penmarc'h qui avaient servi le Duc pendant cette guerre de 1487 furent exemptés de tous fouages et subsides (1).

La lutte se poursuivait sur terre ; mais vaincu à Saint-Aubin-du-Cormier par Louis de la Trémoille, François II dut signer le traité de Sablé (19 août 1488) par lequel il s'engageait à ne pas marier ses deux filles sans la permission du roi de France. La mort du Duc, survenue le 9 septembre suivant, ouvrit de nouveau la question de la succession de Bretagne. Le vicomte de Rohan qui, du chef de sa femme Marie de Bretagne, prétendait avoir des droits au duché, cherchait en soutenant le roi de France, à obtenir pour ses deux fils l'alliance d'Anne et de sa sœur Isabeau, filles mineures de François II. Il vint mettre le siège devant Brest qui dut capituler au mois de Février 1489. Les Anglais arrivèrent au secours des bretons. Les navires de Penmarc'h vinrent aider la flotte anglaise à assiéger la ville de Brest. Cette guerre devait se terminer par le mariage d'Anne et de Charles VIII et par la

(1) *Revue historique de l'Ouest.* Année 1886. La marine bretonne aux xv° et xvi° siècles, p. 233.

réunion du duché de Bretagne à la Couronne
de France.

Lorsqu'en 1508, les habitants de Penmarc'h
firent construire leur église paroissiale, ils tin-
rent à sculpter sur ses façades des caravelles et
des barques de pêche pour rappeler le commerce et l'industrie qui furent la principale
source de leur richesse ; mais ils n'oublièrent
pas de signaler les exploits de leurs navires de
guerre. Au-dessus du portail sud, nous pouvons voir une scène de combat naval. Deux
marins, grimpés au haut des vergues, et
maniant l'un une hache, l'autre une épée,
défendent le drapeau de la Bretagne.

L'histoire continuera à faire mention des
navires de guerre de Penmarc'h jusqu'à la fin
du xvi⁰ siècle. Le roi de France, François Iᵉʳ,
dans la crainte d'une guerre avec l'Angleterre
ou l'Espagne, ne voulut pas se laisser sur-
prendre par ses ennemis. Il tint à faire ses
préparatifs de combat, et chargea le vice-
amiral, M. du Chillou, d'assembler une armée
navale. Il lui ordonna le 12 décembre 1520 de
faire le recensement des navires normands et
bretons qui pourraient apporter leur concours
à la flotte royale. La réponse de l'amiral nous
permet de constater la présence de 26 vaisseaux
ronds (de haut bord) capables de porter plus
de 10.000 hommes. Parmi ces navires, nous
trouvons trois nefs de Penmarc'h et de Poul-
david, jaugeant chacune 240 tonnes, et une
autre de 200 tonnes la *Bonne Aventure*, appartenant au capitaine Chanoy.

En 1595, le s^r de Saint Luc, nommé gouverneur de Bretagne, résolut de mettre le siège devant l'île Tristan, alors occupée par La Fontenelle. Pour former une armée d'attaque, il fit appel à beaucoup de villes de Bretagne. En l'absence du brigand de la Cornouaille retenu prisonnier, ce fort était défendu par son fidèle et habile lieutenant, Jacques de Lestel, sieur de La Boulle, qui réussit avec le secours des Espagnols à repousser les attaques des assiégeants. Penmarc'h qui, cette année-là même, avait eu tant à souffrir de la part des troupes de La Fontenelle, prit cependant part à cette expédition. Il dut fournir avec Audierne et les autres lieux de la côte deux cents arquebusiers, et envoyer dans la baie de Douarnenez quatre barques armées portant chacune vingt hommes et deux chaloupes montées chacune par dix hommes. Il n'est plus question de ses navires de guerre jaugeant 240 tonnes. Le port de Penmarc'h était-il arrivé à ce point de décadence qu'il n'avait plus pour protéger sa flottille marchande que des barques et des chaloupes qu'on pouvait armer en guerre ? C'est là une question que le chapitre suivant nous permettra peut-être d'élucider (1).

____

(1) Références. — *Revue historique de l'Ouest.* Année 1886. — *Histoire de la Marine française,* par Ch. de la Roncière. — *La Bretagne,* par A. Raison de Cleuziou. — A Barthélémy. *Documents inédits sur la Ligue en Bretagne,* XXI, 1595. — *Comptes de Rolland Le Baud cités par M. Le Bastard de Mesmeur dans ses notes, sur l'ouvrage du chanoine Moreau.*

CHAPITRE IX

La Fontenelle à Penmarc'h.

Les troubles qui ensanglantèrent la France
pendant les guerres dites de religion, de 1562
à 1598, année de la publication de l'Edit de
Nantes, n'eurent leur contre-coup dans la
haute-Cornouaille qu'en 1589, et dans la basse-
Cornouaille qu'en 1592. La Ligue ou Association catholique pour la défense de la religion,
prit naissance en Picardie le 13 février 1577 et
de là s'étendit peu à peu sur toute la France.
Elle reconnut, comme chef politique, le duc
de Guise de la maison de Lorraine. L'assas-
sinat des princes de Lorraine à Blois déclan-
cha le mouvement de la Ligue en Bretagne
vers 1589, et le meurtre de Henri III qui faisait
d'un prince protestant l'héritier du trône de
France, entraîna dans cette association beaucoup de catholiques indécis. Le principe religieux seul décida les Bretous à prêter en foule
et avec empressement le serment à la Sainte
Union. On les verra, peu à peu, après l'abjuration
du roi de Navarre, se détacher de la Ligue
qui, pour eux, n'avait plus sa raison d'être.
Le duc de Mercœur, Philibert-Emmanuel de
Lorraine, gouverneur de Bretagne fut reconnu
comme chef de la Ligue en cette province.
En se réconciliant en 1598 avec Henri IV, il

mettra fin aux dissensions et aux actes de brigandage qui désolaient notre région.

La Réforme fit peu d'adeptes en Bretagne, du moins parmi le peuple qui, malgré ses désordres, restait profondément attaché à la foi catholique. Si quelques seigneurs, comme les Rohan, embrassèrent la religion protestante, ce fut dans le secret espoir, à la faveur des troubles et du désarroi général, de satisfaire leur ambition et leurs intérêts personnels. « Il n'y eut dans toute la Bretagne que 29 églises protestantes, total fait de toutes celles qui y existèrent à une date quelconque. 8 grandes familles nobles et 81 autres de moindre importance embrassèrent dans cette province le protestantisme » (1). Si l'on peut reprocher à la Ligue d'avoir fait appel à l'Espagne pour défendre sa cause, on ne peut guère louer les Huguenots d'avoir sollicité et obtenu le secours des Anglais et des reitres allemands. Quel que soit le jugement que l'on porte sur cette Association, il faut du moins reconnaître qu'elle sauva la religion catholique en France en interdisant l'accès du trône à un prince hérétique.

La Basse-Bretagne, à part Brest et quelques châteaux, tenait pour le parti de Mercœur ; mais ce chef ne pouvait pas toujours se faire obéir des capitaines qui prétendaient marcher sous ses ordres. La Cornouaille et le Léon étaient livrés à une bande de pillards, dont

---

(1) Ch. de Calan, *La Bretagne au XVIe siècle.*

les plus célèbres étaient Yves de Liscouët, seigneur du Bois de la Roche, qui avait abjuré sa foi pour épouser la belle Philippe de Maridor, du canton de Vaux en Anjou, et Anne de Sanzay, comte de la Maignane, « grand voleur sur terre et sur mer. » Mais le plus fameux d'entr'eux était sans contredit, Guy Eder de Beaumanoir, sieur de La Fontenelle.

C'était un tout jeune homme, âgé à peine de vingt ans, lorsqu'il se mit à parcourir le pays, saccageant tout sur son passage, prenant par ruse ou par force les châteaux qui pouvaient lui servir de places fortes, et en massacrant sans pitié les habitants. Il était à la tête d'une bande de gens sans aveu dont le nombre augmentait avec ses succès. Il se faisait obéir aveuglément de ses hommes dont il savait au besoin contenter les appétits grossiers et les instincts batailleurs. Il était brave, d'une intelligence vive et surtout d'une imagination féconde en expédients. Peu scrupuleux sur le choix des moyens, il n'avait en vue que le but à atteindre, et ce qui le faisait réussir là où un plus brillant capitaine eût échoué, c'était la ruse, art dans lequel il était passé maître. Chose étrange ! ce tempérament sanguinaire et débauché savait se dompter pour plaire, et La Fontenelle, la terreur de la Cornouaille, s'était fait aimer de Marie Le Chevoir, jeune et riche héritière qu'il avait enlevée au château de Mézarnou en Plounéventer. Il se disait du parti ligueur, mais il n'avait cure de la défense religieuse et poli-

tique et ne se souciait que de satisfaire sa soif
de richesses et de plaisirs. Il rançonnait et mas-
sacrait indistinctement royaux et ligueurs,
aussi bien que ceux qui voulaient garder la
neutralité entre les deux partis. Qu'un si jeune
gentilhomme ait pu commettre et laisser per-
pétrer par ses soldats tant de viols et d'atro-
cités, c'est là un fait à peine croyable, n'était
le témoignage formel des chroniqueurs de
l'époque.

Après avoir pillé le Haut Léon et une partie
de la Cornouaille, La Fontenelle jeta son dé-
volu sur Douarnenez et notamment sur son
fort de l'île Tristan. Il comprit l'importance
de cette place forte, aussi facile à défendre par
terre que par mer. Maître de cette position, il
pourrait de là rayonner dans un pays riche
que personne n'avait encore dévasté, et rentrer
en toute sécurité avec son butin dans son île.

Le protestant et royaliste Jacques de Guengat
que les Ligueurs de Quimper avaient chassé
de son manoir familial, s'était emparé de
Douarnenez et du fort de l'île Tristan, grâce
au concours de Sourdéac, gouverneur de Brest.
Il se croyait à l'abri de toute surprise dans sa
nouvelle résidence, lorsqu'un beau matin, il
se fit prendre au lit par La Fontenelle qui le
captura avec toute la garnison.

Guy Eder, après avoir mis en état de défense
son île, l'île Guyon comme il l'appelait, se
prépara à ravager les pays d'alentour. Sa
réputation de brigand et de franc-pillard s'était
répandue au loin, et seule, l'annonce de

son arrivée jetait la terreur parmi les populations. De Douarnenez il résolut de faire une
expédition à Penmarc'h dont il avait entendu
vanter les richesses. Pour ne rien laisser au
hasard et mieux préparer les travaux d'approche, il voulut étudier le terrain par lui-même.
Ce qui attirait tout particulièrement sa convoi-
tise, c'étaient les navires de Kérity. Son fort
de l'île Tristan pouvait soutenir avec avantage
les attaques venant du côté de la terre, mais
la mer restait libre. Les quelques bateaux que
lui avait procurés la prise de Douarnenez
n'étaient pas suffisants pour protéger les
abords de son île contre une offensive des
navires de Sourdéac, gouverneur pour le roi de
la ville et du port de Brest. Il lui fallait donc
d'autres vaisseaux pour accroître sa flotte.
Kérity pouvait les fournir.

A cette époque Penmarc'h pouvait encore
compter jusqu'à dix mille habitants sans parler
de ses fils qui, vaillants marins, naviguaient
au loin pour les nécessités de leur commerce.
Au milieu des troubles de la guerre civile,
cette paroisse avait réussi à constituer comme
une république à part, gardant fièrement son
indépendance à l'égard des partisans du roi
ou de la Ligue.

La nouvelle des ravages causés par les troupes de La Fontenelle à Douarnenez et dans la
région circonvoisine fit comprendre aux habitants de Penmarc'h que la neutralité seule ne
constituait pas une sauvegarde. Ils résolurent
de se défendre contre les attaques possibles du

brigand de la Cornouaille. Leurs 2500 arquebusiers leur semblaient une force suffisante
pour résister victorieusement aux assauts des
soldats de l'île Tristan. Il ne fallait pas cependant songer à engager une lutte en rase campagne contre ces troupes plus habiles et plus
aguerries. Le mieux était de se mettre à l'abri
derrière des murs entourés de retranchements
et de palissades. Ils se contentèrent donc de
fortifier l'église paroissiale dont la masse imposante dominait au loin le pays, et de trans-
former en forteresse le manoir de Kérouzi,
situé à l'entrée même de la ville de Kérity.
Puis dans ces deux forts, ils enfermèrent toutes
leurs richesses, transportant dans l'église jusqu'à leurs lits qu'ils disposèrent autour de la
nef, et même tout près du maître-autel, « si
près les uns des autres qu'ils s'entretou-
chaient. ».

Mis au courant de ces faits par le rapport
de ses espions et craignant de voir lui échap-
per une belle proie, comme Penmarc'h. La Fontenelle se décida à brusquer les événements.
Toutefois, avant de préparer son expédition
définitive, il voulait savoir au juste à quoi s'en
tenir. Un matin du mois d'août, il partit,
accompagné seulement de quinze à vingt de
ses soldats vêtus comme lui en gentilshommes
et sans aucune apparence de tenue militaire.
Prirent-ils les chemins détournés, ou voya-
gèrent-ils séparément, tout en se donnant ren-
dez-vous, à un endroit déterminé ? Il est de
fait qu'ils arrivèrent au bourg de Tréoultré,

sans que nulle part leur présence eût été signalée. Le jour de leur arrivée coincida-t-il
avec le « pardon » de Notre-Dame de la Joie
qui se célèbre le 15 août, fête qui attire chaque
année à Penmarc'h une foule immense de pèlerins venus de toutes les paroisses de la presqu'île et d'au-delà ? Nous ne saurions le dire ;
mais c'était certainement un dimanche ou un
jour de fête, puisque les habitants se trouvaient si nombreux au bourg.

La Fontenelle et ses hommes se mêlèrent à
la foule, devisant familièrement avec les paysans, et se montrant partout gais compagnons. Ils entrèrent dans les auberges, payant
largement à boire aux clients déjà attablés, et
aux autres que la curiosité y attirait. Pour
écarter tout soupçon et laisser croire qu'ils
étaient venus en simples promeneurs, ils s'ap-
prochèrent d'autres groupes qui s'amusaient
sur la place et prirent part aux jeux de quilles
qu'ils avaient organisés. Le jeu ne les empê-
chait pas de jeter, de temps à autre, des regards
investigateurs sur les retranchements et palissades qui entouraient l'église et le cimetière.
Ils purent sans inspirer de méfiance se rendre
compte de l'état du fort et du nombre de ses
défenseurs. A l'aide de quelques questions en
apparence négligemment posées, ils essayèrent
de se renseigner sur les richesses accumulées
dans l'enceinte de la forteresse. Leur insistance
à obtenir certaines informations et leur allure
plus que suspecte finirent par donner l'éveil
sur leur rôle d'espions. Les habitants virent là

une occasion propice pour se débarrasser sans grands risques du capitaine-brigand et de sa bande. Le complot fut vite tramé, et sans un incident des plus futiles qui fit rater l'affaire, Penmarc'h mettait fin aux exploits de La Fontenelle.

« Ils en vinrent jusque-là, nous dit l'historien Moreau, qu'il fut sur le champ conclu de le tuer et tous les siens en ce jeu de quilles. Mais comme on s'acheminait à l'exécution, parmi grand nombre fort résolus, s'en trouva un qui était d'autorité parmi eux, qui saigna du nez et empêcha une défaite qui eût sauvé deux cent mille écus de dommage en Cornouaille et la vie à trente mille âmes dont La Fontenelle est coupable devant Dieu. » Le rusé capitaine mit à profit cet incident pour rallier ses hommes. Tous sautèrent rapidement en selle et s'enfuirent à bride abattue vers leur repaire de l'île Tristan.

Rentré à Douarnenez, La Fontenelle eut tout le loisir de combiner une nouvelle expédition, car il n'avait pas renoncé à l'idée de s'emparer de Penmarc'h, maintenant surtout qu'il connaissait le riche butin qu'il pouvait faire dans cette commune. Il se disait que les habitants perdraient bien vite le souvenir de sa première équipée, et qu'ils ne manqueraient pas de se départir de leur vigilance. Aussi quelques mois plus tard se mit-il en campagne, suivi cette fois de toutes ses troupes, à l'exception de quelques soldats qu'il jugea prudent de laisser en son absence, à la garde de l'île. Son dessein était de cacher sa marche aux communes voisines et de tomber à l'improviste sur Penmarc'h.

Mais à l'encontre de ses prévisions, sa venue avait été signalée. Dans la galerie du campanile central, comme au sommet de la grosse tour, il put voir une bande de défenseurs en armes, et derrière les palissades une foule nombreuse qui ne semblait pas disposée à capituler. Il lui fallait agir au plus vite et ne pas laisser le siège traîner en longueur pour ne pas être contraint à faire face à deux ennemis à la fois ; aux défenseurs de la citadelle et aux troupes des communes environnantes qui ne tarderaient pas à accourir au secours des assiégés. Il vit que ses soldats n'étaient pas en nombre pour emporter d'assaut le cimetière et l'église à travers les retranchements et les palissades qui les protégeaient ; mais l'habile capitaine n'était jamais à court d'expédients. Là où la force devait échouer, la ruse allait réussir.

Il donna ses instructions à l'un de ses officiers qu'il savait beau parleur, et le chargea en son nom de haranguer la foule. Celui-ci se rapprocha des palissades et manda aux assiégés qu'il avait à leur faire des communications importantes. Il leur déclara que son maître était venu à Penmarc'h sans aucun dessein hostile, qu'il était leur ami et ne demandait pas mieux que d'être leur protecteur. Si La Fontenelle s'était fait accompagner de ses soldats, c'était uniquement pour se défendre contre les communes voisines dont il connaissait les sen-

timents d'animosité à son égard. Bref, il parla
si bien que les assiégés, amadoués par ses
paroles flatteuses et ses protestations d'amitié,
avaient quitté leur poste de défense pour mieux
entendre sa harangue. Quand La Fontenelle
vit le côté nord de la forteresse dégarni de
ses défenseurs, il jugea le moment venu pour
l'attaque. Il fit signe à ses soldats d'escalader
les palissades et de pénétrer dans l'enceinte du
cimetière. L'ennemi était déjà dans la place
que les habitants n'étaient pas encore revenus
de leur stupeur. Ils voulurent en vain regagner
leur poste et se saisir de leurs armes ; mais
l'attaque avait été si brusque, qu'ils se trouvèrent sans défense devant des soldats si bien
armés et ivres de butin. Ils furent en grand
nombre tués ou faits prisonniers.

Restait encore à prendre l'église où s'était
réfugiée la population et que défendaient de
nombreux arquebusiers. Les troupes du brigand durent pour y pénétrer, pratiquer une
brèche dans les murailles de la nef latérale nord.
Ce fut alors un terrible massacre. Quelques-uns
cependant des assiégés réussirent à se sauver
en montant dans les galeries des clochers.
L'ennemi n'osa s'aventurer dans les escaliers
étroits des tours que quelques hommes suffisaient à défendre : mais il essaya, en brûlant des
branches vertes au bas des escaliers, d'enfumer
les derniers défenseurs. Les meurtrières du
campanile central et de la grosse tour situées à
l'intérieur de l'église gardent encore des traces
de cette manœuvre des bandits.

Le chanoine Moreau, contemporain des événements, en nous racontant ce siège, ajoute
que ce fort aurait pu tenir contre toute la puissance de La Fontenelle, « s'il y eut eu avec ces
badauds six ou sept hommes de guerre. »

Le but du brigand n'était pas encore com-
plètement atteint. Il savait que le fort dont il
venait de se rendre maître était le plus important et le mieux défendu, et que les autres, disséminés dans la paroisse, ne pourraient lui
opposer de résistance sérieuse. Il se hâta de
conduire ses troupes devant la citadelle de
Kérouzi, à l'entrée de la ville de Kérity et
somma les défenseurs de se rendre. Les marins
braves et expérimentés, à bord de leurs bateaux,
pour un combat d'abordage, étaient moins
habiles dans la tactique d'une bataille sur terre.
Leur tempérament impulsif et leur humeur
bouillante ne pouvaient s'accommoder des ruses
et des lenteurs d'un siège. Au récit des atroci-
tés commises dans l'église paroissiale, ils déci-
dèrent de se rendre à condition d'avoir la vie
sauve. Il y a tout lieu de croire que le potentat
de l'île Tristan qui n'était pas à une félonie
près, se garda de respecter les accords de la
capitulation.

Combien de personnes périrent dans ce
désastre de Penmarc'h ? Sourdéac, dans ses
Mémoires que cite dom Taillandier, nous dit
avoir appris des habitants que La Fontenelle,
« avait fait mourir dans les tourments plus de
cinq mille paysans et brûler plus de deux
mille maisons. Il avait pillé et emporté tous

les meubles de quelque nature qu'ils fussent, déshonoré et fait déshonorer toutes les femmes et les filles depuis l'âge de dix-sept ans... Sourdéac avait en La Fontenelle un redoutable adversaire qui lui avait fait parfois subir d'humiliants échecs. Aussi nous est-il permis de suspecter son témoignage quand il parle d'un ennemi dont, en toute occasion, il prend plaisir à charger la mémoire .« Il avait, dit-on, l'imagination vive et voyait facilement dix là où il n'y avait qu'un. Ce n'est pas le seul passage de ses Mémoires qui contienne des exagérations » (1). Le brigand de la Cornouaille a la conscience souillée d'assez de meurtres et de viols historiquement prouvés, pour que nous n'allions pas, sur un témoignage d'une partialité reconnue, la charger d'avantage. Sourdéac est d'ailleurs le seul auteur contemporain qui parle d'un nombre déterminé de personnes de Penmarc'h que le seigneur de « l'île Guyon, » ait fait périr. L'historien Moreau qui vivait à la même époque ajoute, après avoir raconté la prise des deux forteresses : « Je n'ai pas su le nombre des morts de Penmarc'h, tant il y a que la plupart de la tuerie fut dans l'église qui formait comme le donjon de leurs forts. » Il nous dit cependant que les soldats, après s'être emparés de l'église paroissiale, massacrèrent en masse les habitants, « ils en tuèrent tant qu'il leur plut, et le reste fut retenu prisonnier. »

(1) G. de Carné, *Correspondance des Ligueurs bretons*, tome II, p. 179.

La Fontenelle emporta un immense butin de son expédition à Penmarc'h. Les riches de l'endroit, et ils étaient nombreux, pleins de confiance dans les 2500 arquebusiers de leur commune, n'avaient pas cru utile d'agir comme ceux d'Audierne et du Cap-Sizun, qui avaient mis leurs biens en sûreté à Brest. Ils s'étaient retirés avec toutes leurs richesses dans les deux forts qu'ils avaient cru rendre imprenables. Leur défaite amena la perte de tous ces biens, « et surtout de grande quantité de navires, bateaux et barques, plus de trois cents de tous volumes dans lesquels La Fontenelle, aaynt fait charger le butin, les fit rendre à son fort de Douarnenez. » Si, par ailleurs, il leur restait encore quelques ressources, elles ne purent leur servir qu'à payer la rançon exigée par leur terrible geôlier, quand du moins les oubliettes de l'île Tristan consentaient à lâcher leur proie. On frémit à l'idée des tortures infligées aux prisonniers détenus dans ces geôles.

« Les uns moururent misérablement en des cachots infects, comme gardes-robes et latrines, et après une infinité de tourments qu'on leur faisait tous les jours, tantôt les faisant seoir sur un trépied à cuir nu qui les brûlait jusques aux os, tantôt au cœur de l'hiver et aux plus grandes froidures, les mettant tout nus dedans des pipes pleines d'eau glacée, comme dit l'Écriture : *a calore nimium, a frigore nimium*. Et ceux qui avaient quelque moyen de payer rançon telle qu'il demandait, néanmoins étant dehors, ne pouvaient guère vivre pour les grands tour-

ments qu'ils avaient endurés. Fort peu en
échappaient qu'ils mourussent en prison, et ne
pouvaient autrement arriver s'ils y demeuraient trois ou quatre jours, car ils étaient si
pressés en nombre qu'ils ne pouvaient aucu-
nement se remuer, et n'avaient autre chose à
se reposer que leurs excréments où ils trem-
paient bien souvent jusqu'aux genoux, et n'a-
vaient d'autre sépulture après leur mort que
le ventre des poissons, car sitôt qu'ils étaient
trépassés, leurs compagnons prisonniers étaient
commandés de les jeter à la mer, si mieux n'ai-
maient laisser les corps parmi eux, et ceux qui
les traînaient ainsi étaient peu après eux-
mêmes traînés morts par leurs compagnons (1). »

Quelle vision d'horreur dans ce tableau
réaliste des tortures infligées à ses victimes par
le cynique geôlier de l'île Tristan ! Ce n'est
plus, « le folâtre Guyon... » mais bien : « La
Fontenelle chrétien de nom et turc en effet, »
selon les expressions de son ancien condiciple
au collège de Boncourt à Paris, le chanoine et
historien Moreau.

La Fontenelle, après s'être emparé de Penmarc'h, ne se contenta pas des déprédations
commises dans cette paroisse. Il vit que
c'était là un poste important d'où il pourrait
en maître parcourir le pays en tous sens, et
faire sur mer comme sur terre des opérations
fructueuses de brigandage. Il établit une forte

____

(1) Ch. Moreau, *op. cit.*

garnison au château de Kérouzi dont il fit fortifier les défenses et confia la garde de cette
place à une bande de soldats choisis parmi
l'élite de ses troupes. L'occupation de Penmarc'h et de Douarnenez mettait toute la Basse-
Cornouaille à sa merci, et constituait pour la
ville de Quimper une menace permanente. Ses
troupes de Kérity terrorisaient tout le pays,
dévastant les campagnes, et à l'aide de quelques navires laissés en leur pouvoir, faisaient
des incursions le long des côtes, capturant, au
profit de leur maître, les vaisseaux marchands
et leur cargaison. Avec de pareils forbans à
demeure, les industries naguère si florissantes
disparurent et tout commerce devint impossible.

Le brigand de la Cornouaille était arrivé à
ses fins en se rendant maître de la place et du
port de Penmarc'h. Il voulait se constituer une
flotte de guerre pour mettre son île à l'abri de
toute attaque venant du port de Brest. Les
armateurs de Kérity, en capitulant au fort de
Kérouzi, avaient dû pour avoir la vie sauve,
lui livrer leurs navires. C'est ainsi que La Fontenelle put disposer d'une flotte de sept vaisseaux
bien armés dont il confia le commandement
au capitaine Orange. Celui-ci gouvernait le
vaisseau l'*Amiral*, ainsi rebaptisé sans doute en
son honneur, tandis qu'un autre de ses capitaines, la Roche-aux-Ramiers, commandait la
Marie. C'est cette flotte, augmentée encore de
quelques unités par suite de nouvelles prises
maritimes, que le fameux brigand était dis-

posé à mettre en 1597 au service du roi d'Espagne. Nous lisons, en effet, dans une lettre de Mendo de Ledesmas à son souverain. « J'ai sondé un gentilhomme que l'on appelle Fontenelle ; il a huit à dix navires de guerre bien armés, et il me dit qu'il en aura plus de douze, et qu'il est résolu à servir Votre Majesté. Il m'a proposé, s'il plaisait à V. M. de les joindre à ceux que V. M. enverra d'autre part. » (1)

La puissance du seigneur de l'île Tristan devenait de plus en plus redoutable. Outre ses navires de guerre, il avait sous ses ordres et à sa solde, plus de quinze cents hommes de troupe dont cent chevau légers et deux cents arquebusiers à cheval. C'est en vain que, pour le déloger de son repaire, Sourdéac fera appel aux garnisons appartenant au roi dans les villes de la Basse-Bretagne, depuis Brest et Pont-l'Abbé jusqu'à Guingamp et Lannion. L'île puissamment fortifiée et défendue par de vaillants soldats et un habile capitaine sut opposer une résistance victorieuse à tous les assauts des assiégeants. Si l'expédition du gouverneur de Brest subit un échec à Douarnenez, elle eut un résultat plus heureux à Penmarc'h. Pour venir à bout de son terrible adversaire, Sourdéac avait résolu de le bloquer dans son île. Mais s'il ne voulait pas voir son armée prise entre deux feux, il lui fallait d'abord s'emparer de Penmarc'h où La Fonte-

(1) G. de Carné. Correspondance des Ligueurs bretons avec l'Espagne.

nelle avait, depuis 1595, établi une forte garnison.

A la tête d'une troupe nombreuse munie de six pièces d'artillerie, Sourdéac partit de Brest en mai 1597, pour mettre le siège devant le château de Kérouzi, citadelle de kérity. La place, mise en état de défense et gardée par une élite de soldats, pouvait tenir longtemps. Ces brigands ne pouvaient pas ignorer le sort qui les attendait, s'ils tombaient au pouvoir de l'ennemi. Aussi, plutôt que de se rendre, étaient-ils décidés à se faire tuer jusqu'au dernier. Les premières attaques échouèrent ; mais décidé à mener rapidement l'affaire, Sourdéac fit avancer pendant la nuit ses pièces d'artillerie qui se mirent au point du jour à canonner l'un des bastions couvrant le pignon du château. Les assiégés, après avoir essuyé quelques volées de coups de canons, désertèrent ce poste trop périlleux pour se retirer à l'intérieur de la citadelle. C'est alors que Sourdéac fit tirer sur le pignon même, et à travers la brèche pratiquée dans le mur, lança ses troupes à l'assaut. La lutte fut des plus sanglantes, mais les brigands durent succomber sous le nombre. Tous, à l'exception de soixante ou quatre-vingts, furent passés au fil de l'épée. La moitié des survivants fut pendue pour servir d'exemple aux autres pillards de la région. Le reste fut remis en liberté, sous la promesse de vivre en gens de bien et de servir fidèlement le roi. La reprise de Penmarc'h par Sourdéac eut lieu vers le 18 mai 1597.

Au mois d'avril suivant, La Fontenelle faisait sa soumission à Henri IV, et obtenait du roi la garde du fort de l'île Tristan. Quatre ans plus tard, il était décrété d'arrestation pour complot avec l'Espagne contre la sûreté de la France. Son procès instruit par le Grand Conseil du roi à Paris le 13 septembre 1602 fut rapidement mené. L'arrêt définitif prononcé le 27 du même mois fut exécuté le soir même. La Fontenelle, lié sur une claie, fut traîné de la prison du Petit-Chatelet à travers les rues de Paris jusqu'à la place de Grève on enfin il expia ses forfaits (1).

(1) Voir Chanoine Moreau, *op. cit.* J. Baudry. *La Fontenelle. Le Ligueur* et *Mémoires de Sourdeac*, cités par Dom Taillandier.

CITADELLE DE KÉROUZI EN KÉRITY.

CHAPITRE X

Piraterie.

La piraterie a été pratiquée à toutes les époques ; car de tout temps la richesse a attiré les convoitises. La riche cargaison d'un navire était une bonne aubaine pour qui pouvait s'en emparer, et les corsaires rentraient triomphalement à leur port d'origine, traînant à leur suite les bateaux capturés. Ces actes s'expliquaient en temps de guerre, puisqu'il était de bonne tactique de ruiner le commerce ennemi ; mais la paix conclue, ils n'en continuaient pas moins. Les capitaines anglais et espagnols, tout comme les français et les bretons pratiquaient la guerre de course pour leur propre compte, et s'ils couraient à ce métier certains risques, ils y trouvaient bien souvent grand profit.

En 1242, les corsaires anglais faisaient des incursions fréquentes sur les côtes bretonnes, s'attaquant au commerce et pillant les villes maritimes. Saint Louis, à cette époque en guerre avec l'Angleterre, intima l'ordre à Jean Le Roux, duc de Bretagne, d'organiser des milices sur le littoral breton pour couris sus aux Anglais. Pendant la guerre de Cent ans, et celle de la Succession de Bretagne, les hostilités reprirent de plus belle.

Les Bretons rendirent aux Anglais la monnaie de leur pièce, en ravageant les îles normandes, et en poursuivant leurs navires jusque sur les côtes d'Angleterre.

En 1403, Guillaume de Wilford, écuyer anglais, à la tête d'une escadre montée par six mille hommes, avait capturé entre Penmarc'h et Douarnenez une quarantaine de navires marchands venant de La Rochelle. Il débarqua à Kérity qu'il s'accagea et poursuivit ses déprédations le long des côtes de la Bretagne. Un siècle, plus tard, en 1513, les Anglais opérant une nouvelle descente au port de Penmarc'h, pillent et massacrent la population. Ils étendent leurs ravages sur les localités circonvoisines et en viennent même jusqu'à menacer Quimper. Le vice-amiral de France et gouverneur de Brest, Alain de Guengat se hâte d'accourir au secours de la Cornouaille. Avec ses troupes de Brest grossies d'un nombreux contingent prélevé sur les paroisses côtières, il se met à la poursuite de l'ennemi et le contraint à regagner ses navires demeurés au port de Kérity.

Au xvᵉ siècle, la Bretagne était en fréquentes relations commerciales avec les ports de la Galice et des Asturies. Si les navires espagnols réussissaient à capturer quelques navires bretons, ils ne s'en retournaient pas toujours au complet et sans avaries à leur port d'attache. C'étaient de part et d'autre des actes continuels de piraterie nécessitant parfois l'intervention des pouvoirs publics. Pour éviter des froisse-

ments entre les deux nations, on convint en
1430 d'établir à La Rochelle un tribunal où
serait représenté chaque Etat. Les sujets de
dissensions entre marins bretons et marins
espagnols devaient être déférés à ce tribunal
dont la compétence et l'autorité étaient recon-
nues par les deux parties. C'est ainsi qu'en 1486,
après dix ans de plaidoieries et d'assignations,
ces juges condamnèrent Pierre Forget, Nicolas
Coatanlem et autres capitaines bretons à verser
dix-huit mille livres à Loppès d'Arbalancze de
Barcelone. La somme était payable sous peine
d'excommunication par sentence de l'Official
de Nantes.

Bien des actes de piraterie cependant échappaient à l'action des juges de la Rochelle, et
chaque nation essaya de pourvoir au mieux à
la sécurité du commerce de ses sujets. En 1442,
le duc de Bretagne, François II organisa une
flotte d'une dizaine de navires appelée le *Convoi de la mer*, pour escorter la marine marchande bretonne. Malgré toutes ces précautions
prises pour assurer la liberté du commerce, les
corsaires n'en continuaient pas moins leurs
exploits. Les côtes cornouaillaises situées sur
le parcours des navires anglais, hollandais et
espagnols étaient particulièrement exposées aux
incursions des corsaires. Les marins bas-bre-
tons, dans une supplique au pape Pie II,
vers 1460, se plaignirent des dommages causés
par la guerre de course à leur marine marchande et à leurs bateaux pêcheurs. La bulle,
« *Inhibitio contra piratas* » fulmina l'excommu-

nication contre les pirates et leurs complices qui dévastaient les côtes de Crozon.

Les navires étrangers n'étaient pas les seuls à nuire au commerce de la Bretagne. Quelques Bretons, eux-mêmes, attirés par l'appât du gain, se livraient pour leur propre compte à la piraterie et ne se faisaient pas scrupule de s'attaquer aux biens de leurs compatriotes. Mais la justice royale savait au besoin châtier les coupables. En 1550, un gentilhomme du Léon, le seigneur de Coetlestremeur s'était avisé, pour réparer les brèches faites à sa fortune, de faire la guerre de course à son profit. Peu lui importait la nationalité des vaisseaux marchands dont il voulait s'emparer. Si la cargaison était riche, les navires étaient jugés de bonne prise. A ce compte, son industrie florissait. Il avait dans plusieurs ports comme complices une foule d'aventuriers d'origines très diverses, voire même des gentilshommes de bonne souche, chargés du récel ou de la vente des marchandises capturées. A Penmarc'h il s'était acquis le concours de Pierre Le Vestle, s⟩ de Kermellec et receveur du roi. Dénoncés et traduits devant les tribunaux, les sieurs de Coetlestremeur et de Kermellec ainsi que leurs complices furent condamnés à mort et exécutés (1).

(1) Voir *Inventaire sommaire des Archives départementales antérieures à 1790*, p. 111. — *Pêcheurs cornouaillais du XVe siècle*, par H. Waquet. *Bulletin, Société, arch,* 1913. Robuchon. *Texte par Du Chatellier et Ducrost de Villeneuve*, p. 35. *Revue historique de l'Ouest. La Marine bretonne aux XVe et XVIe siècles*, p. 233.

CHAPITRE XI

Naufrages.

Penmarc'h a une attirance irrésistible pour le touriste amateur de larges horizons. C'est surtout par une mer démontée qu'il faut contempler ces côtes entourées d'une ceinture de roches que des vagues monstrueuses viennent couvrir d'écume. Nulle part, sur les côtes de France, la mer soulevée par la tempête n'offre de spectacle aussi impressionnant.

« Tout ce que j'ai vu dans mes longs voyages, dit Cambry : la mer se brisant sur les rochers d'Altavelle et les côtes de fer à Saint-Domingue, les longues lames du détroit de Gibraltar, une tempête qui combla sous mes yeux le port de Douvres en 1787, la Méditerranée près d'Amalfi ; rien ne m'a donné l'idée de l'Océan frappant les rochers de Penmarc'h.

« Ces rochers noirs et séparés se prolongent jusqu'aux bornes de l'horizon ; d'épais nuages de vapeur roulent en tourbillons ! le ciel et la mer se confondent. Vous n'apercevez dans un sombre brouillard que d'énormes blocs d'écume ; ils s'élèvent, bondissent dans les airs avec un bruit épouvantable ; on croit sentir trembler la terre. Vous fuyez machinalement ; une frayeur, un saisissement inexplicable s'emparent de toutes vos facultés ; les flots amoncelés menacent de tout engloutir. Vous n'êtes rassuré qu'en les voyant glisser sur le rivage et mourir à vos pieds... »

Parfois cependant comme en 1888, 1896 et tout dernièrement le 9 janvier 1924, la mer franchit le frêle rempart qui la sépare de la terre. Ses flots démontés débordent les dunes, projettent au loin les bateaux qui se brisent en s'entrechoquant, inondent les maisons et font disparaître les chemins et les rues sous une épaisse couche de sable. Malheur aux bateaux que la tempête surprend au large.

Au xve et xvie siècles, comme nous l'avons vu précédemment, l'Océan était loin d'offrir toute sécurité pour le commerce. Les navires marchands qui avaient pu se soustraire à la poursuite de l'ennemi, venaient parfois, poussés par la tempête ou égarés dans la brume, se jeter sur les rochers des côtes bretonnes. Le *Saint-Michel-Archange*, de Pont-l'Abbé, appartenant à Joseph Sébastien Hervé sieur du Penhoat, avocat à Saint Pol de Léon, était parti de Brest, escorté par un vaisseau du roi, le *César-Auguste*. Le capitaine, Jacques Guéguennou, pour éviter un corsaire anglais, voulut entrer au port de Penmarc'h, mais il fit échouer son navire sur les Etocs. Pendant qu'une chaloupe le conduisait au port de Kérity, les Anglais avaient visité son bateau abandonné et avaient fait main basse sur les agrès, les cartes marines et autres effets.

Si la cargaison des navires n'était guère respectée, les naufragés eux-mêmes ne recevaient

pas toujours un accueil hospitalier de la part
des populations riveraines. Est-ce à dire que
les habitants avaient recours à des moyens
répréhensibles pour faire échouer ces bateaux ?
Attachaient-ils, comme l'ont prétendu certains
auteurs, des torches enflammées aux cornes des
bœufs pour indiquer leur route aux navigateurs et les attirer sur les écueils de la côte ?
« Les dossiers si nombreux que nous avons
inventoriés, nous disent M.M. Lemoine et B. de
la Rogerie, les déclarations des capitaines et
les dépositions des témoins, nous permettent
d'affirmer que ces crimes n'ont jamais été
commis sur les côtes de Cornouaille depuis
1716. » Antérieurement à cette époque, aucun
document n'appuie cette légende que seuls,
certains poètes et quelques historiens fantaisis-
tes ont réussi à populariser.

La vue continuelle des larges horizons a
doué les marins d'une acuité visuelle étonnante. Aussi est-il peu vraisemblable qu'ils
aient pu confondre les mouvements d'un bœuf
se promenant sur la plage ou sur les dunes,
une lanterne ou une torche enflammée attachée
aux cornes, avec les oscillations d'un fanal de
navire ballotté par la tempête. Un ciel sombre
ou brumeux n'eut pas permis d'apercevoir de
loin cette lumière, et une nuit claire ou étoilée
eut bien vite fait découvrir ce stratagème. La
brume ou la tempête suffisaient à jeter les
navires sur les récifs si nombreux dans les
parages de Penmarc'h, sans qu'il soit nécessaire de recourir à une légende que rien ne

justifie pour expliquer les naufrages si fréquents dont ont été témoins, au cours des siècles les Etocs de Kérity, les rochers de Saint-Pierre ou de Saint-Guénolé, et la pointe de la Torche.

Les pilleurs d'épaves ont existé à toutes les époques et sous toutes les latitudes. Les habitants du Cap-Caval ne se sont jamais fait scrupule de s'emparer des marchandises que la tempête amenait à la côte et même de la cargaison des navires abandonnés par leurs équipages. Tous ces débris de naufrage, considérés comme des biens sans maître, constituaient une bonne aubaine pour le premier occupant. L'exemple d'ailleurs venait de haut. Les barons du Pont percevaient un droit sur ces épaves. Nous les voyons, en 1732, réclamer la valeur des objets sauvés, déduction faite des frais de justice.

La justice ducale et plus tard les tribunaux du roi avaient dû souvent intervenir pour réprimer ces vols accompagnés parfois d'actes criminels. Le 4 mai 1407, le duc Jean V prescrivit de restituer à des marchands de Guérande une nef qu'ils avaient prise aux Anglais et qui s'était brisée. « es-cotiers de Penmarc'h », et en 1522, le roi de France donna l'ordre d'enquérir sur le pillage d'un navire espagnol échoué non loin de Kérity. Bien des naufrages donnèrent lieu à des scènes macabres et à des actes d'une cruauté révoltante.

Le 30 novembre 1716, les habitants de Penmarc'h virent un beau navire de Rotterdam de 400 tonneaux le *Saint-Jacques* venir échouer sur les rochers de la Torche. Trente-sept marins ou passagers avaient trouvé la mort dans ce naufrage. Leurs cadavres, rejetés sur la grève par les flots, furent immédiatement dépouillés de leurs vêtements et enfouis dans le sable du rivage. Le capitaine Thomas Cok parvint, quoique blessé, à gagner la côte. Les riverains commencèrent par lui enlever ses habits, voire même sa chemise, quelques louis d'or glissés en hâte dans ses poches et les boutons d'or qu'il avait au col et aux manches de son veston. Comment des gens, d'ordinaire d'un naturel si placide, avaient-ils pu se livrer à ces actes inqualifiables ? Leur âpreté au gain n'en est pas une explication suffisante. Les pièces du procès vont nous mieux éclairer sur ce point. Le navire avait une riche cargaison, et nombreux étaient les ballots de laine d'Espagne, les peaux de maroquin et surtout les barriques d'huile et de vin qui jonchaient les côtes de Penmarc'h, de Beuzec-Cap-Caval et de Plonéour, Les habitants, sans nul doute, s'étaient précipités tout d'abord sur les barriques de vin qu'ils défoncèrent et dont ils vidèrent rapidement le contenu. Grisés d'alcool, ils perdirent tout sentiment d'humanité, et n'eurent plus qu'une pensée, prendre chacun sa part dans ces débris de naufrage.

Les capitaines des paroisses riveraines tentèrent ou feignirent de tenter le sauvetage de ces marchandises et préposèrent des gardes pour les protéger ; mais ces gardiens ne tardèrent pas à faire cause commune avec leurs compatriotes et on les vit se chauffer avec les bordages et les débris du navire.

L'Amirauté de Cornouaille, sur les plaintes des armateurs et du capitaine ouvrit une enquête qui ne se termina qu'au bout de sept ans et demi. L'évêque du diocèse fit publier dans toutes les paroisses, depuis Beuzec-Conq jusqu'à Quimper et Pont-Croix, une ordonnance qui obligeait les témoins à déposer devant les tribunaux. Cette lettre resta sans effet dans les paroisses, comme Penmarc'h et Beuzec Cap-Caval, dont la plupart des habitants avaient pris part au pillage. Le recteur de Plomeur, pour ne pas s'attirer l'animosité de ses paroissiens, refusa même de publier les monitions épiscopales et s'abstint de prendre les noms des personnes qui désiraient être témoins dans cette affaire. L'Amirauté réussit cependant par découvrir quelques coupables qui furent condamnés à diverses amendes dont le total montait à 1475 livres et à 9706 livres de restitution. Le recteur de Plomeur avait cru pouvoir acheter aux pilleurs d'épaves de l'huile pour son usage personnel et pour la lampe du sanctuaire de son église.

S'il faut en juger d'après la somme que lui réclamaient les tribunaux comme dommages-intérêts, et il dut faire sa provision d'huile pour plusieurs années. Nous serions plutôt porté à croire que son attitude dans le procès lui valut une augmentation de peine évalué à prix d'argent. Il dut payer 400 livres de restitution et 50 livres d'amende.

La paroisse de Penmarc'h avait un garde-juré dont le rôle équivalait à celui du garde champêtre d'aujourd'hui. Lors d'un naufrage, ce fonctionnaire était désigné pour garder les épaves, mais son autorité était souvent méconnue. Pouvait-il à lui seul s'opposer à une bande d'individus déterminés au pillage ? Il était du pays, en connaissait tous les habitants, et ne se risquait guère à signaler les coupables à la justice, de crainte de compromettre quelques membres de sa famille. Ce qui plus est, s'il eut voulu accomplir tout son devoir, il eut été, dans bien des circonstances, dans l'obligation de se dénoncer lui-même, car il n'avait pu assister, en témoin désintéressé, à l'enlèvement de tant de marchandises et d'objets de valeur.

Il savait par expérience ce qu'il en coûtait de s'acquitter en conscience de ses fonctions.

Au mois d'octobre 1736, la *Demoiselle Marie* d'Amsterdam, capitaine, Jacob Donnes, venait se briser sur les côtes de Penmarc'h. Le garde-juré, Jacques Adam vint sur les lieux et voulut s'opposer au pillage. Mal lui en prit. Bousculé et piétiné, il fut assez grièvement blessé pour qu'il dût garder le lit pendant plusieurs jours. Il porta plainte en même temps que les armateurs ; mais l'affaire d'abord assez rapidement menée fut ensuite abandonnée. Jean Cosquéric et quelques autres habitants de Saint-Guénolé étaient les principaux accusés ; mais ils avaient tant de complices qu'il fut difficile de trouver des témoins à charge.

Ce qui attirait particulièrement la cupidité des riverains, c'était le vin et l'alcool. Lorsque le 22 novembre 1737, le navire hollandais, le *Jeune Paon*, fit naufrage sur les Etocs, de nombreuses barriques de vin étaient venues échouer le long de la grève blanche. Une enquête faite les jours suivants ne put que constater la disparition de la plupart de ces tonneaux et en fit découvrir plusieurs au village de *Lézhano* en Saint-Pierre.

Les pilleurs d'épaves, assurés du silence et de la complicité de leurs compatriotes, voyaient venir sans inquiétude l'enquête prescrite par les tribunaux. Toutefois, lorsque la justice parvenait à saisir quelques coupables, elle prenait sa revanche de ses nombreuses déconvenues, et tenait à montrer qu'on ne se moquait pas toujours d'elle impunément. Elle avait même parfois la main un peu lourde.

Dans la nuit du 10 au 11 janvier 1754, le *Jeune Brasseur* d'Amsterdam échoua sur les rochers situés entre Kérity-Penmarc'h et le Guilvinec alors dépendant de Plomeur. Sa cargaison de vins ne tarda pas à être jetée par la tempête sur la grève. Les habitants étaient aux aguets, et l'on peut croire que devant un butin si alléchant, ils s'en donnèrent à cœur joie. Plus de cinquante barriques de vin furent mises au pillage. Les réclamations des amateurs et intéressés, Jean Couderc, Pierre Eymit, Escot etc... forcèrent les tribunaux à ouvrir une enquête qui, comme toutes celles de cette époque, dura assez longtemps pour permettre aux coupables de se soustraire à l'action de la justice. Les restitutions cependant atteignirent la somme de 681 livres 13 sols. Quelques-uns des accusés, comme Bargain, Marie Pochic, Hervé Le Pape et sa femme Péronnelle Kerc'hrom etc..., nièrent toute participation au « bris de vin de Penmarc'h. » mais la justice ne se contenta pas de leurs dénégations et finit par trouver parmi eux quelques coupables. La sentence définitive du procès déclara que Hervé Le Pape, procureur terrien de Plomeur, ayant pris en cette qualité la principale garde des vins échoués était convaincu d'avoir toléré le pillage de plus de cinquante barriques de vin, et même d'avoir participé au vol. Ce procureur, prévoyant sans doute que sa culpabilité allait être établie, eut soin de se cacher et demeura introuvable. Il fut condamné par coutumace à être pendu à une potence élevée sur la grève de Poulguen, aujourd'hui en Penmarc'h, en face du théâtre de ses exploits, et à payer cent livres d'amende. L'exécution de la sentence eut lieu le 7 juillet 1757, Jacques Le Glaouaer, exécuteur de la haute justice, fut chargé de pendre Hervé Le Pape en effigie. Cette opération lui rapporta quarante-cinq livres, sans compter dix-huit livres pour deux journées employées à dresser l'échafaud. La note de son aide ou valet montait à douze livres pour deux journées de travail et quinze livres « pour avoir attaché Hervé Le Pape ». Pendant que le mannequin se balançait à la potence de Poulguen, le vrai coupable vivait tranquillement dans le lieu de sa retraite.

Si l'instinct du vol et du brigandage dominait chez beaucoup d'habitants du Cap-Caval, il y en avait toutefois, pour l'honneur de la race, qui savaient se montrer honnêtes et héroïques au besoin. Nous voyons Michel Calvez de Kervellec en Penmarc'h déposer au greffe une bourse contenant de la poudre d'or et des piastres qu'il avait trouvées sur le cadavre du capitaine de la *Société de Nantes*.

Le goût de la rapine n'excluait nullement la bravoure et l'héroïsme. Un navire en danger trouvait toujours les marins prêts à affronter la tempête et à accourir à son secours, au péril même de leur vie. C'est le témoignage que leur rendent bien des capitaines, entr'autres les capitaines anglais A Robinson (1732), E. Coneurd (1754), French (1764) et d'Abbadie (1768). Tous déclarent que les marins n'hésitèrent pas à mettre leurs embarcations à l'eau et à accoster les navires en détresse pour sauver les passagers et l'équipage. Une fois sur terre, ils n'eurent qu'à se féliciter de la large hospitalité reçue chez les habitants. Un seul d'entr'eux, le capitaine d'Abbadie, commandant *l'Espérance* de Londres, après avoir vanté l'héroïsme de ses sauveteurs, se plaignit d'un vol commis à son bord. Son navire avait échoué à la pointe de la Torche, et la marée descendante l'avait laissé à sec sur le rivage. Les paysans des environs étaient accourus nombreux sur le lieu du sinistre. Ils n'avaient sans doute pas tous prit part au sauvetage, mais tous voulaient avoir leur part du butin. Ils grimpèrent à bord du bateau et réussirent, malgré la résistance de l'équipage, à s'emparer de l'or contenu dans le coffre-fort du capitaine.

Dans des circonstances identiques cependant, les riverains de la Torche avaient su, quelques années auparavant, faire preuve de sentiments plus honnêtes et plus généreux. Yves Calloc'h de Saint-Vio prodigua ses soins au capitaine Flamery et aux quinze survivants des 41 hommes qui composaient l'équipage du *Saint-Florent* de Nantes.

Les actes d'héroïsme et de générosité contrebalançaient amplement les actes de brigandage, et nous devons ajouter que les brutalités dont furent l'objet les marins et le capitaine Cok de Rotterdam en 1716, constituent un fait unique dans les annales des naufrages de Penmarc'h au xviiie siècle.

A toutes les époques, les sinistres maritimes ont été fréquents dans la péninsule du Cap-Caval. Les rochers si nombreux, qui encerclent les côtes de Penmarc'h, les protègent sans doute contre la fureur des vents du large, mais n'en sont pas moins un danger pour les navires que la brume égare ou que la tempête ballotte à leur proximité. Les bateaux du port de Kerity eux-mêmes, et ceux des

ports voisins surpris par une bourrasque y
sont venus parfois s'échouer.

A une date incertaine, et que l'on a fixée de
façon assez arbitraire à la première moitié du
XVIIe siècle, toute la flotte d'Audierne, à l'exception d'un seul navire, fut brisée en une nuit
sur les récifs de Penmarc'h. Un chant populaire conserve encore le souvenir des deuils
causés par cette catastrophe :

> Kant intanvez eus a Voaien
> A gassas gantho kant lisser ven
> Ac int o c houlen n'eil d'eben
> « Ha ne peus ket guelet ma den. »
> « Penaus zonj d'oc'h m'eus guelet o ten
> Hag heon o tribi gant crankel melen. ».

« Cent veuves d'Audierne portèrent avec
elles cent draps blancs, et elles demandaient
l'une à l'autre : « N'avez-vous pas vu mon
homme (mari) ; » « Comment voulez-vous que
j'aie vu votre homme ? Il sert de pâture aux cra-
bes jaunes (1). »

*
* *

Nous ne pouvons clore ce chapitre sans
mentionner le sinistre maritime du 23 mai 1925
qui a eu un si douloureux retentissement en
Bretagne, et dans la France entière. Vingt-sept

(1) Voir Inventaire sommaire des Archives départementales antérieures à 1790 — Inventaire des
fonds, de l'Amirauté de Morlaix et de Quimper etc...,
rédigé par J. Lemoine, et H. Bourde de la Ragerie,
tome III.

marins de Penmarc'h ont péri dans cette catastrophe.

Les barques de pêche étaient sorties de bon matin, par un temps relativement calme, lorsque vers midi le vent commença à souffler, et parurent à l'horizon les signes précurseurs d'une tempête toute proche. Les marins abandonnèrent leur pêche pour regagner en toute hâte l'abri du port. Deux barques furent surprises au large. Elles prenaient péniblement le chemin du retour, et allaient s'engager dans le chenal de *la Jument* situé en face du village de Kervily, à mi-chemin entre Saint-Pierre et Kérity, lorsque les flots agités, comme par les plus violentes tempêtes, les retournèrent, quille en l'air, et précipitèrent les équipages dans le gouffre formé par le remous du jusant. Douze hommes se trouvaient au fond de la mer, et ce n'est que plusieurs jours plus tard que l'on put en retirer leurs cadavres. Ces deux barques étaient de Saint-Pierre, l'une le *Saint-Louis*, patron Julien Dupuis, avait cinq hommes à bord, et l'autre le *Berceau de Saint-Pierre*, patron Vincent Larnicol, était montée par sept hommes.

De la côte, la population, prévenue par les canons d'alarme des ports, suivait anxieuse les péripéties de ce drame. Les équipages des canots de sauvetage, eux aussi, avaient vu le danger que couraient leurs camarades, et bientôt, tirant les avirons de toute la force de leurs bras habitués à la manœuvre, luttant opiniâtrement contre les éléments déchaînés, allaient au secours des naufragés, à bord du *Léon-Dufour* de Saint-Pierre, patron Jean Berrou, et du *Comte et Comtesse-Foucher*, de Kérity, patron Joseph Jégou. Mais ces deux canots eux-mêmes ne purent résister à l'extrême violence des vagues et furent roulés dans les brisants. Le *Léon-Dufour* se dressa verticalement sous la force d'une lame et déversa son équipage dans les flots. Quant au *Comte et Comtesse Foucher*, une vague l'aborda de flanc et précipita quatre à cinq marins à l'eau. Leurs camarades se portèrent aussitôt à leur secours ; mais immédiatement une nouvelle lame renversait le canot et projetait les marins à la mer. Quinze des vingt-quatre hommes composant le personnel de ces deux canots de sauvetage payèrent de leur vie leur acte de dévouement héroïque. Les neuf autres furent recueillis sur les flots par les barques, le *Gérald Samuel*, patron Eugène Le Gall, et par l'*Arche d'Alliance*, patron François Larnicol qui perdit dans ce naufrage son père âgé de soixante-sept ans, volontaire à bord du *Léon-Dufour*, ses deux frères et son beau-frère.

Le Gouvernement voulut récompenser le dévouement de ces braves en leur décernant la croix de la Légion d'honneur, avec les citations suivantes :

Au grade de chevalier de la Légion d'honneur :

MM. Eugène-Marie LE GALL, patron du côtre de pêche *Gérald Samuel*.

Au cours de la violente tempête du 23 mai 1925, étant déjà rentré au port, a fait rallier son équipage et a repris la mer avec son côtre de pêche et son annexe.

A lutté contre les éléments avec un rare courage, son bateau étant désemparé après avoir talonné sur une roche.

A réussi avec son annexe à porter assistance, au plus fort de la tourmente, aux équipages des bateaux de sauvetage de Kérity et de Saint-Pierre Penmarc'h qu'une lame énorme avait chavirés, alors qu'ils se portaient au secours des deux bateaux de pêche en perdition.

A réussi, malgré une mer démontée, à sauver plusieurs vies humaines.

François-Joseph-Marie-Larnicol, patron du canot de pêche *Arche d'Alliance.*

En rentrant de pêche le 23 mai, par le chenal de la Jument, a aperçu derrière lui un canot qui venait de sombrer dans les brisants. Malgré la tempête qui faisait rage, a viré de bord immédiatement pour se porter au secours des naufragés,

Par deux fois, une partie de sa voilure est déchirée par le vent. Il la rétablit, et s'acharne à rejoindre les lieux du sinistre. Drossé par le courant, il lutte avec une rare énergie pour se porter vers les canots de sauvetage de Saint-Pierre et de Kérity, qu'une lame énorme avait chavirés, alors qu'ils se portaient au secours de deux bateaux de pêche en perdition.

A réussi, malgré la tempête, à sauver plusieurs vies humaines.

Bel exemple de devoir et de dévouement.

Ces deux marins sont en même temps titulaires d'une médaille de vermeil.

Ont reçu une médaille d'argent de 1re classe, les hommes d'équipage suivants : MM. Louis-Marie GUÉGADEN, Pierre-Jean-Marie RIOU, Jean-Louis-Alexandre LE GALL, Baptiste LE PAPE, du *Gérald Samuel.*

Guillaume-Marie GOURLAOUEN, Sébastien LE CORRE, Pierre GOURLAOUEN, François-Marie POCHIC, Thomas-Yves TANTER, Yves-Marie GOURLAOUEN, mousse, 15 ans, de l'*Arche d'Alliance.* Ce dernier a eu une médaille d'argent de 2e classe.

Equipages des canots de sauvetage :

Médaille de vermeil : MM. Corentin COIC, sous-patron, Joseph-Marie LE GARS du côtre *Gérald Samuel,* a reçu la même distinction.

Médaille d'argent de 1re classe : MM. François GOURLAOUEN, Nonna-Marie STÉPHAN, Joseph KÉRISIT, Thomas STÉPHAN, Michel BOUGUÉON, Jean-Marie TANNEAU et Jean-Marie DREZEN.

Voici les noms des victimes de cette catastrophe :

Canot de sauvetage, *Comte et Comtesse Foucher* (1) :

MM. Thomas CLOAREC, Henri KERLOC'H, François LE GARS, Henri JEZEIGABEL, Pierre TANNIOU, Yves STÉPHAN, Laurent COUPA.

Canot de sauvetage *Léon Dufour* :

MM. Jean BERROU, Jean LARNICOL père,

---

(1) M. Corentin Coïc, sous-patron du « Comte Foucher » a également été promu au grade de chevalier de la Légion d'honneur.

Alain CALVEZ, Laurent CALVEZ, Jean L. HEL-
GOUALC'H, Pierre CARVAL, Guillaume COSSEC et
Vincent TANNIOU.

Equipage du *Saint-Louis* :

MM. Julien DUPUIS, Pierre LE FLOC'H, Henri
TANTER, Corentin JACOB, Jean-Pierre LE LAY.

Equipage du *Berceau de Saint-Pierre* :

Vincent LARNICOL, Pierre-Jean LARNICOL,
Jacques BIGER, Jean GUICHÁOUA, Nonna SALAUN,
Pierre STÉPHAN, Jacques BUANNIC.

Honneur à tous ces marins qui, pour gagner
leur pain de chaque jour ou pour sauver la
vie de leurs semblables, n'ont pas craint de
risquer leur vie !

CHAPITRE XII

Décadence

Penmarc'h, avec ses trois agglomérations de Tréoultré, de Kérity et de Saint-Pierre, était au xvie et surtout au xve siècle l'une des paroisses les plus populeuses et les plus riches de la Bretagne. C'est là un fait établi par les documents de l'époque. Nous n'avons pas voulu cependant prétendre, avec certains auteurs, que Penmarc'h ait rivalisé avec Nantes, soit comme ville, soit comme port commercial. Que Kérity, au lieu de constituer une ville, n'ait été qu'une grosse bourgade, c'est là une question qui ne saurait lui rien enlever de son importance. Kérity pouvait avoir une population de cinq à six mille âmes, sans compter ses faubourgs. Etaient-elles si nombreuses en Bretagne les villes qui pouvaient contenir dans leur enceinte un chiffre égal de population ? Quimper et Brest n'avaient pas au xve siècle un nombre d'habitants supérieur à celui de Kérity. Nous ne croyons pas que dom Taillandier ait beaucoup exagéré, en portant ce jugement sur Penmarc'h : « avant que La Fontenelle l'eut pris, c'était le plus riche bourg de Bretagne et l'un des plus considérables de France. »

« La nation bretonne, nous dit La Borderie,

vécut dans une paix profonde de 1420 à 1589,
pendant cent soixante-dix ans, sauf une
courte période quinquennale, et ses ducs,
s'appliquant à développer son commerce, son
industrie, son agriculture, le pays regorgea de
bien-être et de richesses (1). » « La Cornouaille,
d'après les chroniqueurs du temps, était
appelée « le petit Pérou », tant était grande sa
prospérité. Nous voyons La Magnanne, émule
de La Fontenelle en brigandage, se jeter sur le
pays de Chateaulin et y faire un butin inesti-
mable en vivres, meubles, vaiselle d'argent
dont les demeures bretonnes étaient alors
abondamment pourvues. Le huguenot Trogoff
de Locronan, nous dit Moreau, s'était retiré au
château du Pont avec beaucoup de ses coréli-
gionnaires, et de là, mettait à son aise au
pillage les localités circonvoisines, « ce qui
était cause qu'il faisait bien ses affaires car le
pays était peuplé et riche. »

Tous les documents antérieurs à la Fontenelle nous parlent de l'importance industrielle
et commerciale de Penmarc'h. En 1487 et
en 1522 nous y trouvons des navires de guerre
chargés de convoyer les bateaux marchands,
et en 1557, les registres du seul port de Nantes
signalent l'arrivée de quarante et un bateaux
de Penmarc'h avec des cargaisons de poissons
et de céréales ; c'est donc qu'à cette époque,
les pêcheries et le négoce n'étaient pas encore
à leur déclin. En 1556, le roi Henri II accorde

(1) *Revue de Bretagne*. 1889.

aux arquebusiers de Penmarc'h le privilège de
papegaut, et en 1571, cette paroisse est auto-
risée à déléguer un député aux Etats de Bretagne. Aurait-on attendu que le commerce et
l'industrie y fussent en décadence pour conférer
à Penmarc'h ces deux privilèges ?

Il n'est guère admissible que La Fontenelle,
après son enquête du mois d'Août 1595 à
Tréoultré et à Kérity, y fût retourné, quelques
mois plus tard, à la tête de ses troupes, s'il
n'avait pas eu la conviction que d'immenses
richesses s'y trouvaient amassées. Le brigand
n'était pas homme à entreprendre une expédition qui ne fût pas de rapport. Les quinze
cents hommes qu'il avait sous ses ordres
savaient au besoin réclamer leur solde, et ce
n'est qu'en les gorgeant de richesses et de plaisirs qu'il pouvait les tenir sous son obéissance.
L'énorme butin qu'il fit à Penmarc'h le dédom-
magea amplement de ses frais d'expédition, et
est une preuve que les affaires commerciales
et industrielles n'étaient pas encore dans le
marasme.

M. C. Vallaux cependant, dans une étude
sur Penmarc'h, prétend que l'abandon et la
ruine des édifices de cette localité avaient
commencé bien avant les ravages de La Fontenelle. Pour étayer son assertion, il s'appuie sur
l'étude de cent aveux de la baronnie du Pont,
allant de 1462 à 1790. « Ces aveux réunis par
les barons du Pont nous donnent, dit-il, le
tableau expressif sur la ruine de Penmarc'h. Ils
signalent d'anciens emplacements de maisons

ou des débris de constructions importantes et prouvent la destruction lente et progressive de Penmarc'h. »

Il divise ces aveux de la manière suivante :

Périodes.	Nombre des aveux.	Aveux faisant mention d'édifices en ruines.	Aveux ne contenant aucune mention de ruines.
1462-1600	17	1	16
1600-1650	11	5	6
1650-1700	20	7	13
1700-1790	52	30	22

Le seul aveu qui fasse mention d'édifices en ruines avant l'époque de La Fontenelle est en date de 1594, et concerne le hameau de Kergarrien en Saint-Guénolé, alors trève de Beuzec-Cap-Caval. Quelques maisons en ruines en Saint-Guénolé, en Beuzec, ne sont pas une preuve de l'abandon des manoirs et des opulentes demeures des armateurs et négociants de Tréoultré et de Kérity Penmarc'h.

Un autre argument est tiré du droit de pêcherie dont le revenu, variant d'une époque à l'autre, nous marquerait les fluctuations que subissaient l'industrie poissonnière et par suite la richesse du pays. La plus forte dépréciation a lieu de 1523 à 1536 (1). De 1845 livres, ces redevances seigneuriales tombent à 1200 livres, et en 1585, elles ne rapportent plus que 900

(1) Voir chapitre : *Pêcherie.* — M. C. Vallaux ne nous en voudra pas de tirer des documents que nous lui empruntons une conclusion différente de la sienne.

livres ; mais c'est à partir de 1600 qu'une baisse considérable et progressive se produit dans la perception de ces taxes qui, sous la violente opposition des marins, finiront par disparaître au commencement du xviiie siècle.

A quelles causes faut-il attribuer ces variations dans le revenu du droit de pêcherie ? Nous ne pensons pas qu'elles soient dues uniquement à l'état plus ou moins florissant de l'industrie de la pêche, du moins jusqu'en 1585 où cette taxe rapporte encore neuf cents livres. Il n'y avait pas de corrélation nécessaire entre la valeur marchande du produit de la pêche et le chiffre de ces redevances. Ce droit était établi sur les patrons de barques et leurs hommes d'équipage et non sur le poisson amené à terre. On ne peut donc pas se fonder uniquement sur l'estimation de ce droit pour constater le déclin ou l'état prospère des pêcheries. D'autres causes ont influé sur le produit de ces taxes, et l'une des principales se trouve signalée dans un rapport de la baronnie du Pont en date de 1709. « Les habitants de cette province, y lisons-nous, ayant été de tout temps mutins et rebelles, refusent de payer ce droit. » Nous avons même vu que la perception de ces redevances fut souvent une occasion pour les marins de Penmarc'h de s'insurger contre les prétentions des barons de Pont-l'Abbé !

On nous dit encore que le merlus n'avait pu supporter longtemps la concurrence de la morue de Terre-Neuve. Certes, peu à peu, la morue qui n'avait dû tout d'abord que faire

déprécier le merlus, aurait fini par le supplanter et supprimer ainsi la principale source de
richesse de Penmarc'h, car le cabotage et les
pêcheries y étaient solidaires. Mais ce n'est
pas seulement quelques années après la découverte de Terre-Neuve en 1497 par le vénitien
Sébastien Cabot, et l'exploration de ces îles
en 1534 par le malouin Jacques Cartier, que
le commerce de la morue aurait pu prendre
une extension telle qu'il eût éliminé le merlus
des marchés du littoral français. Si l'industrie
de Penmarc'h était destinée tôt ou tard à perdre
de son importance, et le pays à déchoir de
son ancienne prospérité, il nous faut cependant descendre jusqu'à l'époque de La Fontenelle pour constater la décadence de cette
paroisse.

C'est à partir de 1600 que nous ne trouvons
plus de traces de l'ancienne opulence de Penmarc'h. Le commerce périclitait et l'industrie
avait presque totalement disparu. En cela rien
d'étonnant quand on considère les déprédations commises dans ce pays par les troupes
du brigand de la Cornouaille. La Fontenelle
ne s'était pas contenté de piller les richesses
amassées dans les deux forts dont il venait de
s'emparer, il avait même enlevé aux habitants
qu'il avait dû épargner tout moyen de relever
leurs ruines et de reprendre le commerce qui,
jusque-là, avait établi leur fortune. Il n'oublia
pas, pour mettre son île en état de défense du
côté de la mer, de prendre à Kérity les navires
dont le rôle était de convoyer les bateaux

marchands, et plusieurs de ces derniers lui servirent à transporter à son fort de Douarnenez les richesses et les objets de valeur tombés en son pouvoir. Il avait, à la vérité, laissé quelques navires à Kérity-Penmarc'h, mais c'était pour le service de ses troupes maintenues au fort de Kérouzi à l'effet de surveiller et de piller la contrée. Ces navires montés par ses forbans écumaient les mers du littoral et paralysaient tout commerce et toute industrie. Les riches armateurs et négociants avaient disparu, les uns retenus prisonniers dans l'espoir qu'on pourrait en tirer une forte rançon, les autres, en fuite, mais ne se souciant pas de retourner en leurs logis dévastés, par crainte de tomber entre les mains d'un ennemi dont la cruauté était légendaire.

L'agriculture elle-même était ruinée. Les brigands n'épargnaient pas plus les campagnes que les bourgades. Tout ce qui, pour eux, avait une valeur vénale était l'objet de bonne prise. L'historien Moreau nous trace des campagnes de cette époque un tableau d'un réalisme saisissant.

« Dorénavant, dit-il, la basse Cornouaille alla de mal en pis, car les champs étant dépouillés de tous moyens, et de plus en plus ravagés par La Fontenelle, les autres années, elle fut réduite à telle extrémité que fort peu de gens demeurèrent en vie, et n'ayant ni cheval ni bœufs ; lorsqu'ils pouvaient avoir quelque morceau de blé en prêt ou autrement, ils s'attachaient de nuit à la charrue pour le semer, en espérant d'avoir quelque chose l'année prochaine. Je dis la nuit, car le jour ils ne paraissaient pas plus que hiboux, et se tenaient cachés dans les taillis et genêts comme bêtes sauvages. Et arrivait que les pauvres gens se trouvaient frustrés de leur attente à la moisson, et ils ne recueillaient pas ce qu'ils avaient semé, car le soldat, où le faisait manger en herbe, ou devant même qu'il fut mûr du tout, l'enlevait ou le gâtait afin qu'il ne servît qu'à eux. »

Aussi ne sommes-nous pas surpris de lire sous la plume du même historien, après la prise et le pillage de Penmarc'h par La Fontenelle : « De ce ravage de Penmarc'h demeura telle ruine qu'il ne pourra de cinquante ans relever, ni possible jamais, et semble que tout depuis, ils sont suivis de je ne sais quel malheur qui les accable de plus en plus, quelque peine qu'ils prennent de prendre haleine. »

Le chanoine Moreau ferait-il ici allusion au fait suivant dont la tradition populaire a gardé le souvenir, mais dont nous ne garantissons nullement l'authenticité. Une violente bourrasque aurait fait sombrer au large de Kérity cinq cents bateaux de Penmarc'h. G. de Ritalongi place cette catastrophe à la fin du xve siècle.

Les incursions des navires espagnols et anglais nuisaient sans doute au commerce de Penmarc'h, mais l'ennemi ne pouvait pas stationner sur le littoral pendant toute la saison

de la pêche et interdire ainsi aux bateaux toute
sortie en mer. Les pêcheries continuaient, et
le service de cabotage, grâce aux navires con-
voyeurs, se faisait régulièrement en temps de
paix et même tant bien que mal, pendant les
périodes d'hostilité. Les bénéfices que retiraient
les armateurs et les négociants de leurs trafics
leur permettaient de courir ces risques de
guerre.

Après les ravages de La Fontenelle, la situation était tout autre. Les pêcheries agonisaient.
Plus de caravelles partant pour les ports d'Espagne et de Portugal, de Bordeaux, Royan et
Nantes, et comme force armée quelques rares
arquebusiers, débris des 2.500 hommes que
Penmarc'h pouvait autrefois équiper pour sa
défense, et dont il sera encore mention jusqu'au xviiie siècle. Les capitaux avaient sombré
dans le désastre ou avaient émigré. Les armateurs renoncèrent à remplacer leurs navires
que le brigand de la Cornouaille avait confis-
qués à son profit, et les négociants ruinés se
virent, au déclin des pêcheries, dans l'impossibilité de rétablir leurs affaires. Les bateaux
ne pouvaient se livrer qu'à la pêche côtière,
et n'étaient plus assez nombreux pour alimen-
ter, comme autrefois, un important service de
cabotage.

Le chiffre de la population avait subi une
régression étonnante, sans que l'on puisse
cependant attribuer uniquement ce résultat
aux massacres commis par les troupes de La
Fontenelle. Des dix ou douze mille habitants

que possédait naguère Penmarc'h, c'est à peine s'il en restait trois mille en 1600. Les registres paroissiaux ne mentionnent que 81 baptêmes en 1602 et 59 en 1642.

La décadence avait été rapide. Avec la disparition du commerce et de l'industrie devait nécessairement décroître le chiffre de la population. Les marins émigrèrent en masse vers d'autres ports de pêche, comme Audierne, Douarnenez et Concarneau. En 1614, Penmarc'h n'a plus de député aux Etats de Bretagne. En 1664, Toussaint de Saint-Luc, dans son inspection des côtes ouest de la France, nous décrit le port de Kérity, sans faire aucune mention du commerce de cette ville, bien qu'il signale au passage les riches marchands du port de Pont-l'Abbé. Ce n'est qu'à partir de 1600 que les aveux de la baronnie du Pont nous permettent de constater l'abandon et les ruines des maisons de Penmarc'h. En 1700, la décadence était complète. Un rapport du baron d'Ernothon traite les marins « de gueux et de misérables ». L'année suivante, les officiers des dragons, appelés à déposer au procès intenté par M. Desrobin et ses paroissiens au baron du Pont nous parlent de Penmarc'h comme « d'un lieu autrefois très grand et très spacieux dont les ruines et les débris sont encore considérables. »

Certes, les maisons abandonnées ne croulèrent pas en un jour ; mais, peu à peu, le temps fit son œuvre, et bientôt des manoirs et des riches demeures des armateurs et négociants, il ne resta plus que des ruines, témoins survivants de la grandeur passée de Penmarc'h.

Nous pouvons donc conclure que la décadence de cette paroisse est dûe à deux causes : au déclin, et à la disparition des pêcheries et sécheries du merlus concurrencées par le commerce de la morue, et surtout aux ravages commis par les troupes de La Fontenelle. Jamais, comme le dit le chanoine Moreau, Penmarc'h n'a pu se relever de la situation lamentable où l'avaient laissé les déprédations du brigand de la Cornouaille (1).

(1) *Références.* — La Borderie, *Revue de Bretagne*, 1889. — Ch. Moreau, *op. cit.* — J. Baudry, *op. cit.* — *Penmarc'h,* par C. Vallaux. — *Archives départementales et municipales.*

Église paroissiale de Penmarc'h.

DEUXIÈME PARTIE

ÉGLISE ET CHAPELLES

CHAPITRE PREMIER

Eglise paroissiale.

§ I. — L'EXTÉRIEUR.

L'église paroissiale actuelle est bâtie sur l'emplacement de l'église primitive. A l'époque de sa construction, le commerce et l'industrie de Penmarc'h étaient en pleine prospérité. Le chiffre de la population augmenta avec le développement des transactions commerciales, et l'on comprend que l'ancienne église fut devenue insuffisante pour les besoins du culte et probablement trop modeste au goût des nombreux armateurs que le négoce avait enrichis.

Elle est vraiment majestueuse cette église de Penmarc'h avec son immense tour carrée et ses vastes proportions. Elle est bien digne de la munificence d'opulents armateurs. De loin elle ressemble à un vaisseau de haut-bord dominant de sa carène et de sa mâture la grande plaine basse qui s'étale à ses pieds, sans un pli de terrain, presque au niveau de la mer.

Abside.

L'église se présente à nous tout d'abord par son abside rectiligne qui est percée d'une grande fenêtre centrale et de deux autres fenêtres secondaires. Sous la fenêtre du milieu est une petite sacristie couverte d'une terrasse en dalles de granit et agrémentée de contre-forts, de pinacles et d'une galerie. Cette sacris-tie, qui n'est éclairée que par deux meur-trières, n'était pas assez aérée pour la conser-vation des ornements et linges sacrés. C'est ce qu'écrivait en 1788 M. Pochet, recteur de la paroisse, à Mgr de Saint-Luc, évêque de Quim-per. Il fut autorisé à construire une autre sacristie au haut du collatéral sud ; mais il dut au préalable obtenir l'assentiment de François Noël Souché de la Brémaudière, seigneur de Rossulien en Plomelin, qui possé-dait en cet endroit un enfeu. Cet enfeu se trouve actuellement un peu au-dessous de la porte d'entrée de la sacristie.

Clocher central et sculptures murales.

Sur le milieu de la grande toiture se dresse un élégant petit clocher accompagné de deux tourelles qui couronnent des escaliers et rejoignent la campanile central par des gale-ries portées sur des arcs-boutants. Ce clocher

fut abattu en 1818 par la foudre et reconstruit
en 1824.

En faisant le tour extérieur de l'église par le
côté sud, nous rencontrons de bizarres sculptures. Au-dessus de la première fenêtre se voit
un ange soutenant un calice, et sous ses pieds
une barque de pêche. Le fronton de la troisième fenêtre est d'un aspect grandiose. Il est
orné de crosses fouillées et deux cornières
dont une chimère et un ange portant une
banderolle, et est décoré en son milieu d'un
grand navire à voiles, armé pour la guerre,
avec des anges dans la mâture. La première
verrière, près de la porte du cimetière, fort
belle également, a ses cornières formées d'un
personnage assoupi et d'un homme portant en
mains une bourse. Au haut de cette fenêtre
est représentée une scène assez curieuse.
Un bateau avec son équipage fait la pêche ; le
diable est au fond de la mer, en train de chasser et de disperser le poisson. Saint Nonna,
patron de la paroisse, descend du ciel pour
mettre le démon en fuite et permettre à ses
paroissiens de faire une pêche fructueuse.
Tout près de cette fenêtre est une jolie porte
ornée, sorte de petit arc de triomphe qui forme
l'entrée du cimetière, et qui rejoint, à l'angle
du bas côté du porche, le pignon de l'ancien
ossuaire. Ce pignon, avec le soubassement des
deux autres côtés, c'est tout ce qui reste de ce
charmant édifice, dont les quelques baies
flamboyantes qui existent nous indiquent la
valeur et l'élégance.

En examinant les murs extérieurs ainsi que la façade ouest du clocher, nous voyons différentes représentations sculptées de barques de pêche, même de caravelles ayant château avant et château arrière, conformément à l'architecture navale du xvᵉ siècle.

La Tour.

Nous voici devant la grosse tour qui mesure dix mètres sur chacune de ses faces. Elle devait avoir, d'après le plan primitif, une hauteur énorme, mais on s'est contenté de la faire monter juste à la naissance de ce qui devait être la chambre des cloches. Sans doute, avait-on le dessein de la terminer plus tard, lorsque les circonstances et surtout les ressources le permettraient. Le commerce de Penmarc'h était à cette époque en pleine prospérité ; mais la construction des églises de Kérity, de Saint-Pierre, de Notre-Dame de la Joie et de l'église paroissiale avait dû faire une assez large brèche dans la bourse des riches armateurs et négociants.

Au bas de la façade sud de cette tour est accolé un porche dont l'entrée est formée de deux baies en plein cintre enguirlandées de feuillages, avec niches, fronton appliqué, faisceau de colonnettes prismatiques sur l'angle, entre lesquelles sont sculptés des poissons et des oiseaux de mer. Le tout est couvert d'une terrasse en granit bordée par une galerie rampante. Aux deux côtés de la niche du milieu se lit une inscription qui contient et la date de la construction de l'église et de la tour et le nom du recteur de la paroisse. Cette inscription en caractères gothiques un peu effacés par le temps et rongés par l'air salin a été diversement reproduite par ceux qui ont écrit sur Penmarc'h. En voici, à notre avis, la vraie reproduction :

> Le jour sainct René, l'an mil CCCCCVIII (1508) fut fondée ceste église : et la tour en l'an M. d. neuff (1509) : dôt (dont) estoit recteur K. Iegou.

La difficulté porte sur ce dernier mot, que quelques-uns reproduisent par Kugon (Kérugon), et d'autres par K. Jégou, Carolus (Charles) Jégou. Cette dernière opinion a en sa faveur le témoignage de l'histoire. Nous lisons en effet dans le *Bulletin d'histoire et d'archéologie*, rédigé par MM. les chanoines Peyron et Abgrall, année 1905, p. 32 :

Vicaires-Recteurs de Plouguer-Carhaix, 1512. — Charles Jégou, recteur de Tréoultré (Penmarc'h).

Chanoines de la collégiale de Saint-Trémeur, 1512. — Charles Jégou.

Au-dessus de cette inscription se voit une scène de combat naval. Deux marins, au haut des vergues, défendent le drapeau de la Bretagne. L'un d'entr'eux tient d'une main une hache et de l'autre une épée.

Dans l'un des angles de la tour clos par un grillage se trouve un gros galet appelé : pierre

de Saint Nonna. Le saint l'aurait apporté en
débarquant de son île à Saint-Pierre, et l'aurait jeté à cet endroit pour marquer l'emplacement de la future église.

A l'ouest, au pied du grand clocher est un
portail à portes doubles et à guirlandes de
feuillages d'une très grande richesse. Un des
culs-de-lampe de ce portail et plusieurs des
gargouilles de la tour nous offrent des représentations peu édifiantes. Le réalisme des
sculpteurs de ce temps s'est donné ici libre
carrière. Sous prétexte de nous représenter les
vices sous des traits difformes pour nous en
inspirer l'horreur, ces artistes ont certainement dépassé leur but.

Au côté Nord, dans la fenêtre du fond, à
gauche du portail, remarquons trois grandes
fleurs de lys, découpées dans la pierre suppor-
tant le vitrage. Ce travail dût être d'une grande
difficulté d'exécution. La deuxième verrière a
des cariatides disparates : un ange avec une
banderolle et un homme qui se gratte la cuisse.
Au milieu de ce fronton est une sirène recon-
naissable à sa queue de poisson.

§ II. — Intérieur de l'église.

Vue d'ensemble.

Pénétrons dans l'église par le portail Sud.
Nous voyons au haut du mur d'entrée une
scène assez étrange. Un homme et une femme

regardent avec épouvante, étendus à leurs pieds, leurs deux enfants qu'un énorme poisson, la gueule ouverte, s'apprête à dévorer. Du seuil de la grande porte d'entrée, on jouit d'une vue d'ensemble sur l'intérieur de l'église. On est saisi à l'aspect des amples proportions des trois nefs, de la largeur et de la hauteur des arcades, et du peuple de statues en pierres et en bois disséminées dans tout l'édifice.

A première vue cependant l'église semble manquer de proportion. Elle paraît trop large. Les nefs latérales mesurent chacune sept mètres de largeur ; tandis que la nef principale a une largeur de dix mètres ; ce qui donne à l'église une largeur totale de vingt-quatre mètres. Sa longueur, depuis le haut du transept jusqu'au bas, est de trente-sept mètres quarante centimètres, mais entr'ouvrez la grande porte du fond et ajoutez à cette longueur les sept mètres que comprend la base de la tour, le manque de proportions ne paraîtra plus. D'ailleurs cette laide cloison qui ferme le bas de l'église n'a pas toujours existé. Elle a remplacé une tribune dont quelques pierres faisant saillie de chaque côté du clocher indiquent l'emplacement. La porte d'entrée de cette tribune ainsi que la galerie qui la contournait se voient encore à mi-hauteur de la tour.

Foyer.

Faisons le tour de l'église par le collatéral sud, et remarquons au bas, derrière les chaises,

un foyer avec cheminée, comme on en trouve
seulement dans quelques églises des régions
de Pont-l'Abbé, Pont-Croix, Douarnenez et
Quimper. Pourquoi ce foyer ? D'aucuns prétendent qu'il a sa raison d'être dans une église
construite pour servir de forteresse. On y cui-
sait des aliments en cas de siège et on y faisait
bouillir l'eau et l'huile destinées à être jetées
par les meurtrières et du haut des tours sur les
assiégeants. Cette opinion n'est guère admissible. Pouvait-on prévoir que l'église eût eu
plus tard des sièges à soutenir, lorsqu'on cons-
truisait ce foyer qui semble dater de la même
époque que l'édifice ? Si, dans l'idée de l'architecte, l'église eut dû servir de forteresse, elle
aurait été conçue et exécutée sur un tout autre
plan. Elle aurait eu des ouvertures moins larges et des contreforts plus puissants. Ses vastes
proportions permettaient aux habitants de s'y
réfugier en cas d'irruption de l'ennemi, et elle
pouvait au besoin tenir lieu de place forte, à
condition d'être entourée de palissades et de
retranchements. C'est ce qui arriva lorsque
en 1595, la Fontenelle vint avec ses troupes
de l'île Tristan mettre le siège devant Penmarc'h.

Pourquoi d'ailleurs ce foyer et cette cheminée, à Penmarc'h comme dans les autres
paroisses, sont-ils toujours placés dans les fonts
baptismaux. Il est vraisemblable, pour ne pas
dire certain, qu'il y a une corrélation étroite
entre l'existence de ces foyers et l'administration du baptême. Dans les hivers rigoureux,

l'eau glaciale des fonts baptismaux aurait pu compromettre la vie des petits baptisés. Nos ancêtres n'avaient pas les mêmes principes d'hygiène que leurs descendants, et le système Kneipp tant prôné de nos jours ne leur était pas familier. Les lampes à alcool n'étaient pas encore trouvées, et il fallait bien pour chauffer l'eau lustrale recourir à ces foyers avec cheminée aboutissant à l'extérieur... « Peut-être aussi, dit M. le chanoine Abgrall, les prétentieux seigneurs ou les riches bourgeois tout puissants en certains centres commerçants, ont-ils cru devoir à leur rang et à leur dignité de réclamer ces marques de distinction pour le baptême de leurs enfants ? (1)»

Ce foyer se trouvait autrefois compris dans les fonts baptismaux. Le 18 juillet 1782, Mgr de Saint-Luc, lors de sa visite pastorale, ordonna de transférer les fonts dans un endroit plus retiré, et c'est depuis cette époque qu'ils sont situés dans la chapelle du bas-côté Nord, au pied de la tour.

Continuons le tour de l'église, et, pour ne pas retourner sur nos pas, nous signalerons au passage ce que nous trouverons de remarquable.

Verrières.

La verrière du fond représente saint Pierre et saint Paul avec une scène de la vie de ces deux apôtres. A droite c'est saint Pierre rece-

____

(1) Architecture bretonne, p. 218,

vant de Notre-Seigneur la primauté de juridiction dans l'Eglise. Les brebis qui se trouvent au coin du tableau rappellent les paroles
par lesquelles Jésus-Christ conféra ce pouvoir
au Prince des Apôtres. « *Pasce agnos meos,
pasce oves meas* ». Pais mes agneaux, pais mes
brebis. » A gauche, c'est le martyre de saint
Paul. Des chrétiens viennent réclamer son
corps au juge romain. La fenêtre voisine représente sainte Thumette, patronne de Kérity,
portant en mains la palme du martyre, et la
hache, instrument de son supplice. A droite,
elle paraît devant ses juges, et à gauche, elle
subit la décapitation. Ces deux verrières datant
de 1868, ainsi que les deux suivantes qui sont
de 1856 n'ont rien de remarquable comme
valeur artistique.

Statues.

Tout près de la fenêtre de sainte Thumette,
on voit une Notre-Dame de Pitié tenant sur ses
genoux le Christ dont les pieds et les mains
sont soutenus par des anges, et près de la
porte un bénitier en Kersanton de 1617 avec
la signature du donateur, mais une signature
en caractères hiéroglyphiques. Plus loin, c'est
sainte Claire et sainte Marguerite d'Antioche.
Contre les piliers, nous voyons saint Eutrope,
évêque de Saintes, saint Antoine de Padoue
et Marie mère de douleurs. Contre le pilier,
en face de la chaire, c'est le Christ en croix
assisté de sa mère et de saint Jean, draperies

mouvementées, genre Louis XIII ou Louis XIV, et à côté, sainte Marthe, les mains en croix sur la poitrine, avec turban et mentonnière. Plus haut, c'est sainte Catherine d'Alexandrie foulant aux pieds un philosophe païen. Au dernier pilier, avant de pénétrer au chœur, nous avons saint François d'Assise montrant ses stigmates, saint Bernardin de Sienne avec trois mitres à ses pieds, en souvenir de son triple refus de l'épiscopat, et sainte Marie-Madeleine coiffée d'un turban et tenant en mains son vase de parfum. En face, c'est une représentation de la Charité ; elle porte un enfant sur son bras gauche, et de sa main droite, elle recouvre à moitié de son manteau un autre enfant qui lui offre un fruit. Au haut de la porte du Rosaire, on trouve un bénitier en Kersanton daté de 1621 et donné par Le Cauguen. Un Cauguen exerça le ministère paroissial à Penmarc'h de 1600 à 1614.

Contre le pilier, à l'entrée du chœur sont trois statues : saint Paul dont l'épée est brisée, la Vierge mère de Dieu et sainte Anne, jolie statuette en cœur de chêne d'une grâce naïve, La bonne grand'mère porte dans ses bras une petite sainte Vierge qui tient sur ses genoux l'Enfant Jésus. Au fond de l'abside, le Père éternel coiffé de la tiare, revêtu de la chape et portant une étole croisée ; il tenait autrefois devant lui le Fils crucifié et au-dessus était le Saint-Esprit sous la forme d'une colombe ; c'est un groupe de la Trinité. Sur les côtés de l'autel de la Vierge, sainte Thumette et sainte

Anne, et dans le coin, le diable de Penmarc'h. Ce dernier groupe nous montre saint Michel terrassant le diable représenté sous la forme d'un immonde crapaud dont l'un des genoux est terminé par un bec d'épervier.

Passons maintenant devant le maître autel, l'un des plus longs du diocèse. Aux deux côtés, on voit les statues de la sainte Vierge et de saint Corentin posées sur d'immenses piédestaux en pierres de Kersanton. C'est Expilly, évêque intrus du Finistère, qui les fit exécuter pour sa paroisse de Saint-Martin de Morlaix, et qui les fit transporter ensuite à la cathédrale de Quimper. Ces supports ont été faits par un jeune artiste nommé Quéré qui fut exempté de la conscription militaire pour lui permettre de mener à bien son œuvre. La base surtout en est curieuse ; on y remarque un maquereau sur le gril, des lapins, souris, serpents, crapauds, hermines, raisins et feuilles d'acanthe, le tout d'une grande finesse d'exécution. Le piédestal de saint Corentin porte les armes de Mgr Graveran avec la devise *Verbum crucis Dei virtus*, et celui de la sainte Vierge les armes du Chapitre de la cathédrale. Ces deux statues avec leurs supports ont été données en 1868 à l'église de Penmarc'h par Mgr Sergent, évêque de Quimper, en échange de la statue en albâtre de saint Jean transportée de Kérity dans l'église paroissiale, statue que l'on peut encore aujourd'hui admirer dans la chapelle des fonts baptismaux de la cathédrale de Quimper.

Tableau. — Vœu de Louis XIII.

Nous avons laissé à droite, au-dessus de la porte de la sacristie, un tableau datant du xviie siècle. On y voit au premier plan le roi Louis XIII accompagné du Dauphin, du cardinal de Richelieu et de quelques personnes de la Cour ; au plan supérieur, c'est la sainte Vierge donnant le rosaire à saint Dominique et à sainte Catherine de Sienne, et au milieu, une procession de cardinaux et de princes se rendant à l'église de Penmarc'h. D'après E. Souvestre la tradition du Chapitre est que cette procession eut lieu effectivement, dans cette paroisse, et que le tableau en question fut fait pour en conserver le souvenir.

C'est là tout simplement un tableau commémoratif du vœu de Louis XIII, car rien ne justifie la présence de la famille royale, encore moins celle des cardinaux ni même celle de Richelieu à Penmarc'h, bien que la baronnie du Pont ait appartenu à la famille du cardinal en la personne d'un de ses neveux.

Le roi Louis XIII, marié depuis vingt ans à la belle Anne d'Autriche n'avait pas d'enfant, et grande était la douleur du couple royal. Sur le conseil de saint Vincent de Paul, Louis XIII réclama des prières publiques, et la naissance de Louis XIV vint réjouir la France mise sous la protection de la sainte Vierge par le pieux monarque. Comme marque de profonde reconnaissance, le roi fit reconstruire le maître-autel de la cathédrale de Paris et institua en outre pour le jour de l'Assomption une procession commémorative. C'est en souvenir de ce vœu de Louis XIII consacrant son royaume à la sainte Vierge que se fait encore aujourd'hui dans toutes les paroisses de France, la procession du 15 août, fête de l'Assomption.

Fenêtres du Transept.

Arrêtons-nous un instant devant les fenêtres du transept pour en admirer les verrières, surtout celle de la fenêtre principale qui, s'il faut en juger par ce qui nous en reste, devait être d'une grande richesse et d'une valeur artistique remarquable.

Les cinq panneaux nous représentent différentes scènes de la vie de Jésus-Christ. Nous y voyons la Circoncision, la Flagellation, le Baptême de Notre-Seigneur, la Descente de Croix et la Mise au Tombeau. Dans la partie supérieure, nous avons trois rangées de soufflets avec les armoiries des seigneurs prééminenciers de l'église.

Au sommet de la fenêtre, le second soufflet est seul armorié. L'écusson est entouré des insignes de l'ordre de la Cordelière, ainsi que d'une devise. Il est mi-parti d'azur à trois fleurs de lys d'or qui est France, et d'hermines qui est Bretagne. Le deuxième soufflet de la rangée suivante, du côté de l'évangile, est mi-parti d'or au lion de gueules qui est Pont-l'Abbé et d'hermines à trois faces de gueules qui est Rostrenen.

Le 3° est écartelé au 1 du Pont-l'Abbé.

— au 2 de Rostrenen.

— au 3, contre écartelé : aux 2 et 3 d'azur à 3 fleurs de lys d'or à la cotice de même brochant ; aux 1 et 4 de gueules à la raie d'escarboucle d'or.

Le 3ᵉ est écartelé au 4 de gueules à 9 macles d'or, 3-3-3 qui est Rohan. — Armes de Pierre du Pont et d'Hélène de Rohan.

Le 4° soufflet est mi-parti au 1 d'un coupé du Pont et de Rostrenen ; au 2 d'argent à 5 hermines de sable, 2-1-2. Jean III du Pont reçut signification de Louis XII, à la requête de la reine Anne, de ne plus porter les armes de Bretagne dans son écu. Jean III obéit sans hésitation.

3° rangée. — Le 1ᵉʳ soufflet est écartelé aux 1 et 4 d'or au lion d'azur ; aux 2 et 3 de gueules à 5 fleurs de lys d'argent en sautoir.

Le 2° est mi-parti au 1 d'un coupé d'or au lion d'azur et de gueules à 5 fleurs de lys d'argent en sautoir et au 2 du Pont-l'Abbé.

Le 3ᵉ soufflet comprend les armoiries de Névet. Il est mi-parti au 1 d'un fascé ondé de six pièces d'or et d'azur, au 2 d'or au léopard de gueules qui est Névet ; armes probables de Typhaine de Névet qui épousa vers 1450 Jean de Languéouez, seigneur de Lézarscouët.

Le 4ᵉ est écarté au 1 d'or au lion d'azur.

— au 2 fascé ondé de six pièces d'or et d'azur.

Le 4ᵉ est écarté au 3 d'argent à 9 losanges de
gueules.

— au 4 d'azur à la croix d'argent.

Sur le tout au 5 de gueules à 6 fleurs de lys
d'argent, 3-2-1. Les armes de cette 3ᵉ rangée
devaient appartenir à la baronnie de Lescoulouarn.

Le vitrail de la chapelle de la Sainte-Vierge,
au sud du maître-autel est composé de 4 soufflets.

Le 1ᵉʳ de l'étage supérieur est d'or au lion de
gueules qui est Pont-l'Abbé.

Le 2ᵉ est mi-parti de Pont-l'Abbé et d'hermines à 3 fasces de gueules qui est Rostrenen,
armes de Jean du Pont qui avait épousé vers
1441 Marguerite de Rostrenen.

Le 3ᵉ est d'argent au greslier de sable engui-
ché et lié de même, accompagné en pointe
d'une levrette aussi de sable qui est Penmorvan.

Le 4ᵉ est mi-parti d'or au chef d'azur et d'un
losange de sable sur fond d'argent à la bordure de gueules. Au milieu se trouve Notre-
Seigneur portant sa croix. Les vitraux du transept, au collatéral nord, ont disparu pour être
remplacés par des verres blancs. Nous avons
au coin de l'autel dit de Saint-Joseph, du côté
de l'épître une jolie statue gothique de saint
Gildas abbé de Rhuis, et une statuette de saint
Nonna. Du côté de l'évangile, c'est une Sainte-
Vierge et une Piétà. Contre le mur est affiché
un immense tableau qui contient certains

renseignements sur l'église et la paroisse. La rédaction en est de M. Le Coz, ancien recteur de Penmarc'h. En voici la reproduction :

Eglise de Tréoultré-Penmarc'h
Ce jour saint René l'an mil CCCCCVIII (1508)
fut fondée ceste église, et la tour
en l'an M. D. neuff (1509) dôt (dont) estoit
Recteur : Kérugon.

Cette église de Tréoultré est bâtie sur l'emplacement d'une autre église, à côté d'une chapelle dédiée à saint Laurent. Elle est dédiée à saint Nonna archevêque d'Armagh.

— 510-585 —

Penmarc'h, très ancienne paroisse, était uniquement composé avant 1802 des bourgs de Tréoultré, Kérity et Saint-Pierre — ville florissante aux XIIe, XIIIe, XIVe, XVe siècles. En 1571, environ 14.000 habitants, 2500 arquebusiers, 500 bateaux. Nombreux clergé. Un député au Parlement de Bretagne. En 1595, ruine de Penmarc'h par La Fontenelle, 3.000 hommes massacrés dans cette église. De 1597 à 1802, la décadence continue : 1802, 900 habitants, 1 prêtre jusque 1830 ; 1868, restauration des 6 chapelles de la paroisse.

Création d'un deuxième vicariat.

1891-11 novembre : un ouragan emporte le vieux toit de l'église.

Monument historique.

Du 5 avril 1893 au 5 janvier 1896, restauration complète. Du 3 au 24 juin 1894, magnifique mission. Grand succès de l'Œuvre de l'Apostolat de la prière ; 1896, 4.400 habitants à Penmarc'h.

Sacré-Cœur de Jésus, protégez Penmarc'h.

Tombes.

Jetons un coup d'œil en passant sur le pilier du chœur auquel sont adossées la statue en bois de saint Nonna, patron de la paroisse, et celle de saint Pierre. Ne quittons pas le transept sans remarquer quelques pierres tombales assez curieuses. Un titre de rente du xviie siècle dit « qu'il y a devant l'autel du Rosaire trois tombes s'entrejoignant qui appartiennent à la famille Le Gall, de Kérity. »

Jusqu'au xviiie siècle, les seigneurs et les principales familles bienfaitrices de la paroisse tenaient à honneur de se réserver une tombe dans leur église paroissiale. Les enfeus situés contre les murs latéraux marquent l'emplacement de ces tombes ; mais dans le sanctuaire ne pouvaient être inhumés que les membres fondateurs et les hauts prééminenciers de l'église. Une ordonnance royale du 15 mai 1776, enregistrée le 23 août de la même année défendit toute inhumation dans les églises.

L'article premier de cette ordonnance porte que « nulle ecclésiastique ou laïque de quelque qualité, état et dignité qu'elle puisse être, ne pourra être enterré dans les églises, même dans les chapelles publiques ou particulières ». Exception est faite cependant pour les archevêques, évêques, curés, patrons des églises, hauts justiciers et fondateurs.

Ceux qui avaient le droit de se faire inhumer dans l'église devaient construire « des caveaux pavés de grandes pierres tant au fond qu'à la superficie de douze pieds carrés en dedans d'œuvre. Outre cette précaution, il est ordonné que l'inhumation ne pourra y être faite qu'à six pieds en terre, au-dessous du sol intérieur. » (1).

Du côté de l'Evangile, près du maître-autel, nous voyons une tombe d'un juveigneur de la famille de Penmorvan ; le 3ᵉ pendant du lambel est usé. Le long du mur nord, dans la chapelle dite de Saint-Joseph, nous avons une tombe de la famille Le Gallou ; un léopard contourné, surmonté d'un lambel à trois pendants en signe de juveignerie. Au milieu de l'église, près de la chaire à prêcher, se trouve une pierre tombale avec les armes de Jean Mol, l'un des propriétaires du manoir de Kergadien, seigneur de Saint-Aouyen et époux de la dame Carn de Kérivin. La famille Mol, de l'évêché du Léon portait, d'après le nobiliaire de Pol de Courcy, d'argent à trois ancres de sable. Dans différents endroits de l'église,

(1) Voir *Monographie de l'église de Saint-Thégonnec*, par F. Quiniou, p. 59.

on remarque des pierres tombales armoriées de signes caractéristiques que tel armateur ou telle famille mettaient sur ses bateaux, ses maisons ou ses tombes. Ce sont des formes d'ancres, de bateaux, de croix, de poissons et parfois de caractères hiéroglyphiques ; armoiries de ceux qui n'avaient pas de blason ou signatures de ceux qui ne savaient pas écrire.

Le deuxième pilier, à partir du chœur, porte la statue de saint Herbot, patron des bestiaux, ainsi que celles de saint Laurent avec son gril, et de saint Benoit tenant une coupe, en souvenir de la coupe empoisonnée que lui avaient présentée quelques disciples malveillants. Contre le mur, c'est Notre-Dame de Bonnes-Nouvelles, et plus bas, nous voyons le Monument aux Morts de la paroisse : 185 noms de soldats et marins s'y trouvent inscrits avec le lieu et la date de leur mort. Derrière la chaire, c'est saint Yves en costume d'avocat, et enfin, contre le pilier suivant, nous avons saint Etienne, premier martyr, et sainte Barbe, avec sa tour.

Vitraux du Côté Nord.

Il ne nous reste plus à voir que les trois verrières du côté nord et quelques bénitiers dont l'un porte comme inscription :

Pour les Trépassés, 1614. — B. Flamanc AB.

Ce Flamanc appartenait à une famille d'armateurs.

L'autre bénitier, également en pierre de Kersanton, se trouve auprès de la grande porte d'entrée. La date de 1616 s'y trouve inscrite avec la signature illisible du donateur.

Dans la verrière de saint Guénolé, nous voyons au milieu, le moine, mitre en tête et tenant en main sa crosse d'abbé. Dans le médaillon de droite il guérit un aveugle, et dans celui de gauche il vient, soutenu par ses moines, faire une dernière visite à sa chapelle.

Le vitrail de la fenêtre suivante nous représente saint Fiacre, patron des jardiniers, accompagné de son chien. A droite, le saint est en prière, et à gauche, il meurt devant sa grotte.

Le dernier vitrail est celui de Notre-Dame de la Joie, de la Vierge vénérée sous ce vocable dans le pays. Au milieu, la Vierge richement parée : robe rouge et manteau bleu bordé d'or. Au-dessus les anges chantent l'Ave Maria. Dans le médaillon de gauche, l'Assomption. La Vierge drapée de bleu, les mains jointes, et à genoux sur les nuages est portée au Ciel par les anges. La Trinité dans une gloire l'attend. A droite, c'est un bateau surpris par la tempête devant la chapelle de Notre-Dame de la Joie. Les marins, les yeux au ciel et les mains tendues vers la chapelle, implorent le secours de la Vierge.

Avant de quitter l'église, remarquons au bas du collatéral Nord, au-dessous de la fenêtre fleurdelysée, une belle cuve baptismale de

Kersanton, entourée d'une guirlande, de pam-
pres de vigne, d'anges et de lions tenant des
blasons. A gauche est une frise singulière : des
maquereaux en croix tenus par un marin, et
des oiseaux de mer.

CHAPITRE II

Eglise de Kérity.

A deux kilomètres du bourg de Tréoultré se trouve la chapelle de Kérity, autrefois annexe de l'église paroissiale.

« A l'élancement de ses ogives, à leurs belles proportions, dit le chevalier de Fréminville, on doit reconnaître que cet édifice date de la fin du xiii' siècle, époque où l'architecture gothique avait atteint l'apogée de sa perfection ; mais à la masse pesante de la tour carrée qui surmonte le portail, à la tourelle ronde servant de guérite de vedette que l'on voit à son sommet, on reconnaît le style presque constamment observé dans les établissements des Templiers, monuments demi-religieux, demi-militaires, moitié églises, moitié forteresses. Ainsi que la plupart des églises des Chevaliers de cet ordre, elle n'a qu'un seul bas-côté (1). A la suppression de l'Ordre des Templiers, elle devint la propriété des Chevaliers de Saint-Jean. »

Les Templiers et, après eux, les Chevaliers de Saint-Jean ont-ils résidé à Kérity ? P. de Ritalongi accepte volontiers l'opinion de Fréminville.

(1) Beaucoup d'églises conventuelles n'ont qu'un seul collatéral.

En face du port de Kérity, dit-il, est un rocher qu'on appelle *Villers bras*, le grand Villiers, et un autre plus près de la côte appelé *Lost Kazek ar Villers*, la queue de la jument de Villiers, sans doute du nom de Philippe de Villiers de l'Isle-Adam, 43ᵉ grand maître de l'Ordre de Saint Jean de Jérusalem, élu en 1521, et célèbre par le siège qu'il soutînt dans l'île de Rhodes avec 600 chevaliers de son ordre et 4000 soldats contre une armée turque qui comptait plus de 200.000 hommes.

Le nom de Villiers donné à deux rochers de Kérity ne nous semble pas une preuve suffisante de l'établissement des Chevaliers de Saint-Jean dans cette ville. Il n'est pas impossible que les marins de Kérity, ayant eu connaissance des exploits de Villiers de l'Isle-Adam à Rhodes, aient voulu perpétuer la mémoire de ce héros en donnant son nom à deux rochers qui se trouvent en avant de leur port. Si ces Chevaliers avaient réellement résidé à Penmarc'h jusqu'au xviᵉ siècle, il est vraiment étrange qu'aucun document de l'époque ne fasse allusion à ce fait.

La chapelle avec ses fenêtres du style gothique flamboyant appartiendrait plutôt à la fin du xvᵉ siècle et ne serait antérieure que de peu d'années à l'église paroissiale. Les statues de saint Georges et de saint Jean qui s'y trouvaient, ne sont pas non plus une preuve que cette église aurait d'abord été dédiée à ces saints pour être ensuite placée sous le vocable de sainte Thumette.

RUINES DE L'ÉGLISE DE KÉRITY.

Qu'était sainte Thumette que les habitants de Kérity avaient choisie pour patronne de leur chapelle ? D'après quelques hagiographes et la tradition locale, elle aurait été une des compagnes de sainte Ursule et martyrisée avec elle près de Cologne le 11 octobre 383. D'autres auteurs prétendent qu'elle était la sœur de saint Enéour, patron de la paroisse de Plonéour-Lanvern, et qu'elle accompagna son frère en Armorique, lors de l'invasion de la Grande-Bretagne par les Anglo-Saxons. Elle devint la patronne de plusieurs églises et chapelles dans les régions évangélisées par saint Enéour, notamment à Kérity, à Plonéour, à Névez, etc...

Le chevalier de Fréminville, au cours de son voyage dans la presqu'île du Cap-Caval en 1819, put encore retrouver certains vestiges de l'ancienne splendeur de l'église de Kérity. « Cette église, dit-il, était richement ornée. Des personnes qui l'ont vue dans son entier m'ont dit qu'on y voyait beaucoup de statues en albâtre oriental, comme celles de saint Georges, de saint Jean, etc... Il n'en subsiste plus qu'une seule qui représente saint Jean, patron de l'ordre du Temple. On l'a portée dans l'église de Penmarc'h où je l'ai vue. Le maître-autel était aussi d'albâtre, orné de bas-reliefs gothiques sculptés avec beaucoup de délicatesse et dorés. Quelques fragments de ces bas-reliefs ont été négligemment jetés dans un coin de l'église de Saint-Pierre. »

Ces fragments ont malheureusement disparu.

Quant à la statue de saint Jean, nous avons déjà eu l'occasion de dire qu'elle se trouve dans la chapelle des fonts baptismaux de la cathédrale de Quimper. D'où provenait cette statue ? Il est certain qu'elle n'est pas l'œuvre d'ouvriers du pays. En Bretagne on ne travaillait pas l'albâtre. Quelques-uns prétendent que c'est une épave d'un navire anglais, et ils basent leur assertion sur ce fait que quelques églises de la même époque possèdent des statues du même genre provenant certainement d'Angleterre, pays riche en albâtre. D'ailleurs, ajoutent-ils, il suffit de contempler la physionomie de saint Jean pour être convaincu que cette statue est de provenance anglaise. Elle porte les marques caractéristiques du type d'Albion : coudes pointus et traits anguleux. Nous ne voulons pas nier que cette statue ne provienne des ateliers d'Angleterre, mais qu'elle soit arrivée à Kérity par suite d'un naufrage, c'est ce qu'aucun document n'a encore établi. N'est-il pas plus vraisemblable d'admettre que les armateurs et négociants de Penmarc'h firent l'acquisition de cette statue soit en Espagne, soit peut-être en Angleterre, pays avec lesquels ils étaient, grâce à leur commerce, en relations fréquentes. Ils avaient déjà un autel en albâtre qu'ils durent faire construire de leurs deniers, pourquoi n'auraient-ils pas pensé à des statues de même matière pour l'ornementation de leur chapelle ?

L'église de Kérity dut souffrir de la décadence de Penmarc'h. Les ressources de la fabrique

paroissiale ne lui permettaient plus de restaurer ses nombreuses chapelles. La négligence
dans laquelle fut tenu l'édifice de Kérity, pendant
l'époque révolutionnaire acheva, sa ruine. Faute
d'entretien, la charpente et la toiture tombèrent
de vétusté, et en 1808, l'église était dans l'état
où nous la voyons actuellement. Elle ressemble
à un navire désemparé dont la carcasse est
encore solide.

Avant de terminer ce chapitre, il nous sera
permis d'émettre ces vœux : 1° que l'église soit
débarrassée de l'herbe qui pousse dans le sanctuaire et des objets hétéroclites disséminés un
peu partout sur le sol, 2° que cet édifice soit
rendu au culte. Il suffirait de jeter une charpente et une toiture sur ces piliers et ces
murailles pour rendre à sa destination première
l'église de Kérity.

CHAPITRE III.

Chapelle de Saint-Pierre.

C'est un édifice très bas que menace la mer de tous côtés. Un mur de défense a dû être construit pour protéger le sémaphore, la chapelle et le phare. Autrefois la fabrique de Penmarc'h possédait au sud du cimetière un champ qui a disparu avec la bordure de gazon que l'on voyait, il y a soixante ans entre la terre ferme et la mer, depuis Saint-Pierre jusqu'au village de Kervily, non loin de Kérity. Cette chapelle aurait été raccourcie de moitié pour la construction de l'ancien phare. Elle ne remonte pas au-delà du xve siècle.

La tour très solidement construite servait à la fois de défense et de clocher. Elle est carrée ; mais un de ses angles est coupé par un pan dans les deux tiers de sa longueur. A l'angle opposé, est adossée une de ces tourelles, terminée en cul de lampe et appelée en termes de fortification nid d'hirondelle. Celle-ci est percée de meurtrières pour placer des arquebuses à croc. Aux quatre principaux angles de la tour, sont placées, à peu près au milieu de sa hauteur, des cornières qui représentent des figures bizarres d'hommes et d'animaux. Ces cornières ne sont guère plus décentes que celles de l'église paroissiale.

L'intérieur de cette chapelle n'a rien de remarquable que de vieilles statues de saint Pierre, de la Mère de Dieu, de Sainte Barbe accotée à une tour et d'un placide saint Nicolas.

Le pardon de Saint-Pierre se célèbre le 29 juin, jour de l'incidence de la fête : c'est le pardon des petits enfants que leurs parents amènent en foule de Penmarc'h et des paroisses environnantes.

C'est sur un terrain dépendant de l'église de Saint-Pierre qu'a été construit, en 1841, un phare aujourd'hui déclassé qui sert de logement aux gardiens du nouveau phare dit phare d'Eckmuhl.

Il ne rentre pas dans le cadre de cette étude de donner les caractéristiques de ce phare, l'un des plus puissants du monde comme éclairage.

CHAPITRE IV

Chapelle de Notre-Dame de la Joie.

Entre Saint-Pierre et Saint-Guénolé, sur les bords de la mer, est située la chapelle de Notre-Dame de la Joie, lieu célèbre de pèlerinage des pays bigouden et glazik. « Cette chapelle, dit Fréminville, n'a rien de remarquable que son nom qui indique effectivement une substitution du christianisme dans un lieu consacré jadis au culte d'une divinité païenne. Toutes les églises ou chapelles qui portent le nom de N.-D. de la Joie, de N.-D. de Liesse ou autres synonymes sont construites sur des lieux où les Celtes rendaient hommage à une divinité qui réunissait les attributions de la Cybèle et de la Vénus des anciens Grecs. »

Nous ne savons si, dans les temps reculés, les habitants du Cap-Caval étaient coupables de tous les crimes et turpitudes dont les accablent les amateurs de la préhistoire ; mais ce que nous croyons plus volontiers, c'est que la chapelle de la Joie doit son origine à un tout autre motif que celui de remplacer un temple dédié à l'Agriculture et à l'Amour. Rien n'établit d'ailleurs qu'il y ait eu à cet endroit un monument païen.

De tout temps, la mer dans ces parages a menacé de franchir le frêle rempart qui la sépare de la terre et d'envahir l'espace qui s'étend au loin, sans le moindre accident de terrain pour l'arrêter dans sa course. Devant ce danger sans cesse menaçant, nos ancêtres, hommes de foi, ont cru qu'il était de leur intérêt, de poster en face de la mer une sentinelle vigilante et en même temps assez puissante pour pouvoir dire à la mer en furie : « On ne passe pas. » La Vierge, Mère de Dieu, qui dispose à son gré du pouvoir de son Fils, avait les meilleurs titres pour monter cette garde, et l'on comprend que cette chapelle construite au ras des flots ait été érigée en son honneur.

Cependant il est dit: « Aide-toi, le Ciel t'aidera. » Si l'on veut que cette chapelle reste debout, il est de toute nécessité, maintenant plus que jamais, depuis que le dernier raz de marée a ébranlé le sol qui la soutient, de l'entourer d'un mur de protection.

Cette chapelle, de la fin du xve siècle, possède un curieux clocher à deux baies entre deux petites tourelles rondes reliées par une petite balustrade. Du côté de la mer, il existe plusieurs meurtrières. Sur les côtés, deux belles portes latérales dont l'une est actuellement condamnée. Le chevet se termine par deux riches cornières.

La chapelle, à l'intérieur, est de grandes dimensions. L'autel est joliment ouvragé. De chaque côté, contre les murs, de beaux panneaux en bois sculpté forment une décoration grandiose. Ces panneaux proviennent du chœur de l'église paroissiale.

Les marins ont une grande vénération pour Notre-Dame de la Joie. Ils l'invoquent pour obtenir une bonne pêche, et surtout aux jours de tempête. De nombreux ex-voto, en général des navires sculptés par les marins eux-mêmes, sont suspendus à la voûte ou posés contre les murs de la chapelle, témoignages reconnaissants des faveurs reçues par l'intercession de Notre-Dame. Cette dévotion à la Reine du Ciel met du moins un peu de joie et d'idéal dans la vie rude de ces marins tout absorbés par le souci du pain quotidien qu'il leur faut souvent gagner au péril de leur vie.

Tout près de la chapelle se voit un gracieux calvaire de 1588, dont la base supporte une statue en pierre de Notre-Dame de Pitié.

Le grand pardon de la Joie se célèbre le 15 août de chaque année, en la fête de l'Assomption, fête joyeuse de la Vierge. Le service paroissial consiste à y célébrer tous les dimanches, en dehors du temps pascal, une messe basse à huit heures, et à y chanter la messe, aux principales fêtes de la Vierge.

CHAPELLE DE NOTRE-DAME DE LA JOIE.

CHAPITRE V.

Eglise de Saint-Guénolé

L'église, dont l'emplacement des murs se voit encore, datait de 1488. Quelques-uns prétendent qu'elle ne fut jamais achevée, mais le contraire est hors de conteste. Une bulle d'Innocent VIII, en date de 1489, érigea la trève de Saint-Guénolé en succursale avec prêtre résidant et soumission à l'église-mère de Beuzec. Ce n'est qu'en 1722 qu'une ordonnance épiscopale supprima tout office dans cette église qui menaçait ruine. Il n'est guère admissible que les évêques aient autorisé pendant plus de deux cents ans le culte religieux dans une église inachevée. Une autre chapelle, située à proximité, était dédiée à Saint-Fiacre. Le défaut de ressources de la fabrique tréviale ne permit pas d'y faire les restaurations nécessaires. A partir de la Révolution, son état de délabrement la rendit impropre au culte, et depuis 1845 ses murs se sont écroulés. Aujourd'hui une croix seule en marque l'emplacement.

Le porche sud de l'église de Saint-Guénolé, nous dit M. Le Coz, ancien recteur de Penmarc'h subsistait encore vers 1860. Il était remarquable par la finesse de ses sculptures. M. du Châtellier l'a acheté et eu a pris les plus belles pierres pour la construction d'une chapelle dans sa propriété de Kernus, près de Pont-l'Abbé. La fabrique de Penmarc'h prit également quelques pierres pour réparer le pavé de l'église paroissiale. Une partie de la table d'autel sert de pavé devant la chapelle de Saint-Joseph, à l'extérieur de la balustrade. Quant aux ruines de l'église de Saint-Fiacre elles ont été utilisées pour la construction des murs de clôture du jardin du Pénity.

La grosse tour carrée de l'église de Saint-Guénolé subsiste encore dans sa masse imposante. Elle est surmontée de guérites en pierre, ornées de clochetons gothiques. Le portail ressemble beaucoup à celui de Saint-Nonna en Penmarc'h. La niche entre les deux portes est la même, comme aussi la verrière que domine une Notre-Dame de Pitié qui porte sur sa robe un navire sculpté. Les deux tourelles de chaque côté sont ornées de vaisseaux de guerre, de navires à voiles et de barques de pêche au-dessus de poissons. On y voit également-ment deux niches superposées de face, et deux autres du côté du porche. Au chevet est un écu armorié, sommé d'un casque, ayant un chien comme cimier.

La couverture qui se trouve au sommet de la tour, ainsi que la petite chapelle accotée à la façade Est, datent de 1845. Le pardon de Saint-Guénolé se célèbre le premier dimanche de Septembre.

CHAPITRE VI

Chapelle de La Madeleine.

Cette chapelle située à deux kilomètres, à l'Est de l'église paroissiale, dépendait jusqu'en 1802 de la paroisse de Plomeur. Elle fut construite à sa partie occidentale, vers le xvᵉ siècle, et dédiée à saint Etienne ; agrandie à la suite d'un vœu en sa partie orientale, au xviᵉ siècle, elle fut mise sous l'invocation de Sainte-Marie-Madeleine. Son clocher à jour est terminé par une flèche gracieuse. On y accède par des escaliers extérieurs. Le côté gauche de cette chapelle offre deux verrières d'un joli dessin, dont l'une enchassée dans un fronton orné de crosses et terminé par un riche fleuron. Les meneaux de la grande verrière forment des cœurs presque rayonnants, se divisant en quatre grandes baies. Cette chapelle serait encore plus gracieuse, si on enlevait l'affreux badigeon qui en recouvre les piliers et les murs intérieurs. Cet édifice mériterait d'attirer l'attention de l'Administration des Beaux-Arts.

Le pardon de la Madeleine a lieu le dimanche qui suit le 21 juillet.

Pour donner la nomenclature complète des

chapelles actuelles de Penmarc'h, signalons en
terminant la petite chapelle de Saint-Marc que
l'on peut voir de la route du Guilvinec, au
milieu des arbres, tout près du village de Kéradennec.

SAINT-GUÉNOLÉ

CHAPITRE PREMIER

La Trève.

L'emplacement sur lequel s'élève le bourg actuel de Saint-Guénolé s'appelait jadis *Enez Raden* (île fougère), sans doute parce que ce terrain sablonneux, dominant les marécages d'alentour, produisait en abondance le jonc et la fougère. C'est le nom qu'on lui donne encore aujourd'hui. Ce quartier était, de temps immémorial, une trève de la paroisse de Beuzec ; mais au xv° siècle, il avait, grâce aux pêcheries, acquis une telle importance qu'il fallut bientôt songer à remplacer par un édifice plus vaste la petite chapelle de Saint-Fiacre devenue insuffisante pour les besoins du culte. Les tréviens ne tenaient pas à faire une lieue et demie pour entendre la messe dominicale, alors que leurs ressources leur permettaient de bâtir une église dans leur localité. S'il faut en juger par son emplacement encore visible, cet édifice devait être de dimensions assez considérables. La croix élevée à l'Est de la tour, marque les limites du sanctuaire. La tour, bâtie à l'extrémité Ouest de l'église, n'a jamais été terminée. Elle subsiste actuellement telle qu'elle a été construite à l'origine, et sa masse imposante finement ouvragée est une preuve indiscutable de la richesse des habitants de Saint-Guénolé au xv° siècle.

L'église fut achevée en 1488. C'est alors que les tréviens, avec le consentement de Ronan du Pont, recteur de Beuzec Cap-Caval, s'adressèrent au pape Innocent VIII pour obtenir l'érection de leur église en église succursale de la paroisse de Beuzec. La bulle pontificale en date du 11 octobre 1489 fit droit à leur demande et établit le *modus vivendi* de la trève à l'égard de l'église mère. Gilles de Kersulguen, prêtre du diocèse de Léon, fut chargé, à titre de notaire apostolique, de vérifier l'authenticité de cette bulle.

Les tréviens devaient : 1° construire un logement convenable pour le prêtre desservant et pourvoir à tous les frais de réparation ; 2° demeurer toujours soumis à l'église matrice ; 3° payer à leur recteur et à ses successeurs, à chaque fête de Pâques, deux pièces d'or et six deniers par an, avec un merlus bon, loyal et marchand, par chaque ménage, à chaque premier jour du mois d'août ; le tout apprécié trente livres par an, de la monnaie qui avait alors cours.

En retour, le recteur était tenu à certaines

obligations. Il s'engageait à accorder aux tréviens toute commodité pour l'accomplissement de leurs devoirs religieux. Lui-même, ou un autre prêtre idoine et capable, en vertu d'une délégation de sa part, devait pourvoir à l'administration des sacrements ; *per se aut capellanum idoneum*, selon les termes mêmes de la bulle. Les dimanches et fêtes, excepté les principales fêtes et solennités désignées par le rescrit pontifical, une messe devait être célébrée dans la nouvelle église.

Pour les baptêmes et les enterrements, les tréviens n'avaient plus à faire le trajet de l'église paroissiale.

Pendant plus de deux cents ans, la Trève de Saint-Guénolé fut desservie par un prêtre résidant. Chaque année, on nommait un fabricien pour l'église, et un autre pour la chapelle de Saint-Fiacre et de Saint-Sébastien située à une centaine de pas, à l'ouest de la grosse tour. Le plan de l'architecte dût être défectueux, ou peut-être fut-il mal exécuté par l'entrepreneur, puisqu'à l'encontre de l'église de Saint-Nonna bâtie quelques années plus tard, celle de Saint-Guénolé ne sut pas résister à l'action du temps. Nous serions plutôt porté à croire que les ressources de cette fabrique tréviale ne furent pas toujours suffisantes pour le bon entretien des édifices religieux.

L'église de Saint-Guénolé était à moitié en ruines en 1716. Une expertise faite à cette date établit « que la tour et le mur du côté Sud sont encore solides. Le mur de la partie Nord demande à être un peu exhaussé, et le pignon absidal est à rebâtir. » Les tréviens eurent un moment l'idée de reconstruire leur église, afin d'obtenir de nouveau un prêtre à demeure pour l'exercice du culte ; mais cette idée ne fut jamais réalisée. Cependant les dépenses prévues n'étaient pas exagérées, et n'excédaient pas les ressources des habitants.

En 1722, l'église était dans un tel état de délabrement qu'on ne pouvait plus décemment y célébrer le service divin. L'évêque de Quimper, par mesure de prudence, ordonna de transporter le Saint-Sacrement dans la chapelle de Saint-Fiacre. Cette chapelle elle-même ne tarda pas à être négligée, et bientôt la trève ne fut plus desservie que par les prêtres de Beuzec-Cap-Caval qui y venaient dire la messe deux fois par an, le jour de la fête patronale de saint Fiacre, et le jour des Morts. Cet état de choses dura environ vingt-cinq ans.

Depuis longtemps les paroissiens de Saint-Guénolé souffraient de leur isolement religieux. Ils ne pouvaient guère songer à relever les ruines de leur ancienne église ; mais peut-être serait-il possible en faisant appel à la générosité publique de restaurer la chapelle de Saint-Fiacre pour la restituer au culte ? Le 16 août 1768, une quarantaine d'entr'eux se réunissaient pour délibérer à ce sujet. Ils nommèrent deux délégués, Michel Le Cosquéric et Alain Le Carval, pour présenter leur requête à l'Evêque de Quimper. Il s'agissait à nouveau d'obtenir l'érection de la chapelle de Saint-

TOUR DE SAINT GUÉNOLÉ.

Fiacre en église succursale, avec prêtre résidant à Saint-Guénolé.

Les raisons alléguées en faveur de cette demande méritent d'être signalées. Le bourg de Saint-Guénolé, lisons-nous dans ce rapport, a été plus considérable qu'aucune des petites villes de la province. C'est là un fait indéniable, lorsqu'on considère les ruines accumulées en si grand nombre sur ce territoire, depuis l'église jusqu'à la mer. Ce quartier a joui d'une grande prospérité dont témoignent encore la grande étendue de terres à blé actuellement en friches, et les dimensions considérables de l'église paroissiale. Un pays pauvre ne se serait pas payé le luxe d'un édifice religieux dont la richesse et la beauté architecturale pouvaient soutenir la concurrence avec celles des principales églises de la contrée. Le port de mer, autrefois si fréquenté, est aujourd'hui presque abandonné.

— Quelle serait donc la cause de cette prospérité et plus tard de cette décadence ? Tant que la trève a été régulièrement desservie, la population y était nombreuse et riche ; mais depuis une cinquantaine d'années, par suite de la négligence apportée à la célébration du service divin, les habitants se sont vus dans l'obligation de quitter le pays pour pratiquer plus aisément ailleurs leurs devoirs religieux. C'est la seule raison que donnent de leur départ plusieurs des tréviens de Saint-Guénolé qui habitent actuellement Penmarc'h et les paroisses voisines. Si le culte était de nouveau rétabli, ces déserteurs ne tarderaient pas à réintégrer leur ancien domicile, entraînant beaucoup d'autres personnes à leur suite.

Les tréviens seraient ainsi plus nombreux pour contribuer au paiement des impôts, subsides, fouages et autres charges dont le montant n'a pas diminué avec le nombre des habitants. La côte de la trève de Saint-Guénolé est restée sensiblement la même dans la répartition des impôts faite par la paroisse de Beuzec-Cap-Caval. La localité paie encore séparément les fouages et autres impositions royales. La dîme y est même plus forte que dans le reste de la paroisse. Elle est à la vingt-septième gerbe à Saint-Guénolé, tandis qu'elle ne se paie à Beuzec qu'à la trentième gerbe. Le gros décimateur et le recteur de Beuzec-Cap-Caval devraient donc logiquement fournir et entretenir un prêtre pour desservir la trève.

Nous devons reconnaître que les paroissiens de Saint-Guénolé jonglaient avec la logique comme avec l'histoire. Ils prétendaient en 1768, que leur pays n'avait perdu sa prospérité que depuis une cinquantaine d'années et attribuaient cette décadence à la cessation du culte. Saint-Guénolé avait suivi Penmarc'h dans sa chute. Le commerce et l'industrie étaient les mêmes dans les deux localités, et ce qui avait entraîné la ruine de cette dernière paroisse avait également occasionné la déchéance de la première. Si le recteur de Beuzec-Cap-Caval ne déléguait plus l'un de ses vicaires pour exercer les foctions curiales à Saint-Guénolé, c'est que cette trève ne pouvait plus subvenir à l'entretien d'un prêtre et ne réussissait même pas à mettre à sa disposition un édifice religieux convenable. La disparition du culte n'avait donc pas eu pour effets la ruine du commerce et la désertion des campagnes. C'est l'inverse qui eut lieu (1).

Toutefois, comme les paroissiens s'engageaient à réparer leur petite chapelle de Saint-Fiacre, et à fournir un logement convenable au prêtre, l'Evêque de Quimper, « pour le bien de la religion et le salut des âmes », autorisa l'exercice du culte à Saint-Guénolé.

En 1845, cette chapelle restaurée, vaille que vaille, s'était écroulée. Les temps meilleurs qui, selon les désirs des anciens habitants permettraient de relever l'ancienne église de ses ruines ne sont pas encore révolus.

Saint-Guénolé a acquis de nos jours, grâce à l'industrie sardinière, un développement que, selon toute probabilité, il n'eut à aucun moment dans le cours de son histoire. Aujourd'hui plus que jamais, la création d'une paroisse y rendrait les plus grands services. Là vit une population d'environ 2.300 âmes qui n'a d'autre local pour l'exercice du culte que l'église paroissiale, éloignée de trois à quatre kilomètres, et la chapelle de Notre-Dame de la Joie, distante de quinze cents à deux mille mètres, où se dit tous les dimanches une messe

(1) Voir chapitre : *Décadence de Penmarc'h,*

basse à huit heures. Il est à désirer que les
habitants de Saint-Guénolé comprennent les
sacrifices qu'il faut s'imposer pour obtenir
l'érection d'une localité en paroisse. Qu'ils
prennent exemple sur leurs devanciers du
xv siècle qui n'ont pas reculé devant les
dépenses qu'entraîne la construction d'une
église et d'un presbytère (1).

(1) *Archives paroissiales.*

CHAPITRE II

Les Côtes.

Peu élevées au-dessus du niveau de la mer, les côtes de Penmarc'h sont semées de récifs qui leur forment comme une ceinture de protection contre l'envahissements des flots. Lorsque soufflent les tempêtes d'Ouest et du Nord-Ouest, la mer démontée a vite fait cependant de submerger ces roches et, ne trouvant plus d'obstacle pour l'arrêter dans sa course, inonde les routes et les terrains avoisinants.

A quatre kilomètres du bourg paroissial se dresse le promontoire de la Torche, dans l'anse qui porte ce nom (1). Il est formé d'une bande de terre rocheuse qui s'avance à une centaine de mètres dans la mer, et devient îlot à l'époque des grandes marées d'équinoxes. Sans cesse rongée par les flots, la langue de terre qui le rattache au continent se rétrécit de jour en jour et, à une date que l'on peut prévoir assez rapprochée est condamnée à disparaître complétement. Au milieu de cette pointe est un monticule assez élevé, au sommet duquel on remarque les débris d'un corps de garde de la douane et d'un sémaphore aérien

(1) Ce promotoire, situé à l'extrémité-Nord de la paroisse de Penmarc'h, se trouve cependant sur le territoire de Plomeur.

qui communiquait avec celui de Poulguen. De
cette hauteur on jouit d'une vue superbe sur
la baie d'Audierne et le raz de Sein, ainsi que
sur les églises et clochers des paroisses d'alentour. A l'extrémité de ce promontoire est une
roche isolée, figurant de loin une immense
statue, sans doute celle du dieu de la tempête.
Elle est presque détachée de son socle ; mais son
énorme masse la tient solide sur sa base, et
c'est en témoin impavide qu'elle assiste aux
assauts furieux et incessants des flots. Dans
l'amas rocheux qu'elle termine, se voit une
crevasse profonde appelée le *Saut du Moine*,
parce que, au dire de la légende, un moine
voulut sauter ce précipice et y tomba. La mer,
soulevée par le Norrois s'élance violemment
dans ce gouffre, ses vagues s'y brisent avec un
tel fracas que la répercussion en envoie l'écho
à plusieurs lieues à la ronde. De là ce proverbe : *Lorsque mugit la Torche de Penmarc'k,
terriens, faites le signe de la croix pour les marins en péril de mort.*

La Torche tire son nom du mot breton *tor-
chenn* qui signifie coussin. Cette presqu'île, en
effet, présente l'aspect d'un de ces coussins
rembourrés de paille et renflés en leur milieu
que l'on trouve fréquemment dans les foyers
bretons. Le mot français, *torche*, n'est qu'une
corruption du terme breton. D'après P. de
Ritalongi, le nom de pointe de la Torche a été
donné à cette partie du littoral, parce que
c'est sur la côte comprise de Saint-Guénolé à
cette pointe qu'opéraient les *Naufrageurs* qui

piquaient une torche enduite de résine entre les cornes d'une vache, pour attirer les marins à la côte. Nous avons vu le crédit qu'il faut accorder à cette histoire de *Naufrageurs*, pilleurs d'épaves (1).

La mer, profonde et toujours houleuse dans ces parages, est dangereuse pour les baigneurs, L'anse de Pors-Carn qui fait suite à celle de la Torche est mieux abritée. Sa plage est d'un sable très fin, et la mer offre toute sécurité pour qui veut y prendre ses ébats nautiques. Au-dessus de cette anse se trouve le *Musée préhistorique* de Penmarc'h dont les collections de silex, de lechs et de squelettes s'enrichissent chaque année par suite des fouilles opérées aux environs de la Torche.

A l'Est de l'hôtel des Goélands, se trouve Poul-Briel (Briel, maquereau) vaste échancrure creusée dans la falaise par le travail lent et continuel des flots, et endroit favorable pour pêcher à la ligne bars, vieilles et maquereaux. Une de ses roches appelée *av Gadorik* (la petite chaise) est très dangereuse à cause des lames sourdes qui viennent de temps en temps la balayer. Elle est située au bas de l'immense rocher qui domine tout ce groupe et dont le sommet est creusé en forme d'entonnoir. Plusieurs marins ont payé de leur vie l'imprudence qu'ils avaient commise en s'installant sur cette roche dans l'espoir de faire une pêche fructueuse. Notamment en septem-

(1) Voir chapitre : *Naufrages*.

bre 1887. Yves-Boënnec de Kervinigan y fut enlevé par une lame de fond pendant que ses compagnons s'agrippaient au rocher ou fuyaient à temps.

Des hauteurs de Poul-Briel, on jouit d'un magnifique coup d'œil sur les rochers de cette partie de la côte de Saint Guénolé. En s'adossant à l'ouest de la roche principale, on a devant soi un moine assis avec son capuchon sur la tête et son bréviaire sur les genoux. Plus haut, c'est une Vierge à la chaise ; la Vierge est assisse tenant dans ses bras, l'Enfant-Jésus. Sur les dunes, les rochers que la mer semble y avoir oubliés affectent les formes les plus singulières.

Un peu plus à l'ouest, c'est le fameux Tal-Ifern (Porte de l'enfer), tristement renommé par les nombreuses catastrophes qui s'y sont produites et dont la plus célèbre eut lieu le 10 octobre 1870. Une croix scellée à plat dans la roche en rappelle le souvenir. Elle se trouve presqu'au pied de la maisonnette que M. du Châtellier a fait bâtir au sommet de ce groupe de rochers (1).

C'est sur cette roche que se trouvaient réunis

(1) C'est là qu'il faut se placer pour contempler dans toute leur beauté sauvage les effets de la tempête. Les lames en se brisant contre les récifs lancent leur nappe d'eau par-dessus la cabane, et parfois même projettent leurs embruns à la hauteur du toit de l'hôtel des Goélands. Souhaitons que l'on rase cette affreuse bicoque qui empêche de jouir d'une vue d'ensemble sur ce site pittoresque et d'une beauté incomparable lorsque gronde l'ouragan.

La roche des Victimes a Saint-Guénolé.

M. Levainville, préfet du Finistère, Madame et Mademoiselle Levainville avec trois autres personnes parentes ou amies de la famille. Il était deux heures de l'après-midi. C'était à mi-marée, mer montante, par temps très calme. A peine les vagues venaient-elles se briser au pied des récifs situés à trois ou quatre mètres plus bas. M. Levainville quitta un instant le groupe pour se retirer dans la cabane en compagnie de M. du Châtellier. Il y était à peine entré qu'il vit un gamin qui venait de lui demander l'aumône s'enfuir épouvanté en lâchant ce cri strident : gare ! *an Tars !* (la lame !) Une lame sourde montait rapidement de l'ouest, venait crever dans le gouffre situé à droite et rejaillissait à une grande hauteur lançant une énorme masse d'eau qui, en retombant dans la mer, balaya tout sur son passage. En un instant les cinq personnes qui se trouvaient sur la roche furent précipitées dans les flots, jetées contre les pointes des rochers, et après avoir été un moment roulées au sommet des vagues, disparurent au fond de la mer. Le préfet, fou de douleur, voulut se précipiter au secours des sinistrées, et sans la présence d'esprit de M. du Châtellier qui le saisit à bras-le-corps, la mer faisait une victime de plus. Des recherches furent aussitôt faites, mais ce n'est qu'au bout de quelques jours qu'on réussit par repêcher tous les cadavres.

De temps à autre, les lames sourdes renouvellent leurs exploits et viennent rappeler aux étrangers qu'on ne stationne pas toujours impunément sur la roche dite *des Victimes*. C'était, il y a quelques années, une jeune personne qui, le soir même de ses noces, était tranquillement assise sur cette roche lorsqu'une lame vint subitement l'enlever et la précipiter au fond du gouffre. Naguère encore, trois touristes contemplaient insouciants la mer du large, quand, sans crier gare, une immense nappe d'eau projetée au-dessus de leurs têtes, retomba avec violence sur le rocher. Les trois imprudents furent renversés et l'un d'eux glissa dans les flots d'où son cadavre n'est jamais revenu. Comme l'enfer ne lâche pas sa proie, Tal-Ifern garde ses victimes:

Non loin de là se trouve l'anse qui forme le port de Saint-Guénolé. Elle est protégée par une chaîne de roches dont la principale est l'île Conq. Deux interruptions dans cette chaîne constituent les deux ouvertures du port ; mais l'une d'elles est impraticable par les gros temps. Vers 1884, on a construit un barrage en maçonnerie destiné à fermer la dépression qui existait entre l'île Conq et la terre ferme et à protéger ainsi le port contre les vents du Nord-Est. Une station de sauvetage a été rétablie sur ce point en 1890.

Les maisons de Saint-Guénolé, à peine plus élevées que le niveau de la mer, sont l'objet de fréquentes incursions des flots, et sont de plus en plus menacées, depuis le dernier raz de marée qui a nivelé le terrain en emportant la légère dune qui s'éparait la plage de la route.

Nous ne voulons pas clore ce chapitre sans

faire une courte mention des côtes de Saint-Pierre et de Kérity. Le port de Saint-Pierre est inaccessible aux navires d'un fort tonnage. Seules, les barques de pêche peuvent, en suivant un étroit chenal, aborder à la cale. La mer, en se retirant, découvre un immense fond rocheux où s'élèvent ça et là quelques récifs qui, à marée haute, sont recouverts par les flots. Une de ces roches présente l'aspect d'un cheval sortant des eaux. A cinq cents mètres de la côte, c'est l'île Nonna, ainsi appelée du nom du saint patron de la paroisse qui, d'après la tradition, y aurait débarqué en venant d'Irlande.

Pour terminer, signalons le groupe des Etocs, vaste ceinture de rochers protégeant l'entrée du port de Kérity. Cette chaîne de récifs, située à trois kilomètres environ en mer, a dû former autrefois un seul îlot dont la pointe extrême aurait été la grande roche de Loc'h Karrek (rocher des marais) que laissent presque à sec les basses marées d'équinoxes. Les Etocs ont reçu en breton le nom de *Kelou*. Ce dernier terme signifie dans le breton actuel, *rumeur, nouvelles, approches*. Sans doute, jadis les marins, au retour de leurs longues pérégrinations, le long des côtes occidentales de France et d'Espagne, saluaient de loin ces rochers qui leur rappelaient les approches de leur port d'origine. Ils se disaient qu'en apercevant les *Kelou*, ils auraient bientôt des nouvelles de Kérity.

En cornique, *chil*, *cil* ou *cel* (le *c* se prononce *K*) signifie, *nuque, cou, tête* ; c'est l'équivalent du *cervix* latin. On l'emploie dans l'idiome celtique de la Cornouaille anglaise pour indiquer le cou d'une région, une langue de terre, un promontoire. Les Etocs, en terme de marine, désignent des têtes de rochers toujours hors de l'eau, ou des roches voisines de la côte et formant comme promotoire. *Kelou* et *Etocs* auraient donc le même sens.

Les nombreuses roches qui composent ce groupe ont reçu des marins des noms bizarres et peu gracieux. A l'Est, en face du Guilvinec, se trouve *av Gisti*, au centre, c'est *av Ginaouek*, an Oc'h lard, an Aoteric, Penn-mul, ar Forchek, ar Gador, etc.

APPENDICE I

Recteurs de Penmarc'h.

Du Châtel, Alain	1439
Bécam Guillaume.	1498
Jégou Charles	1498-1535 (1)
Capiten Henri	1591
Dényel de la Villeneuve. . . .	1600-1632
Le Bras Henri	1632-1662
Diraison Grégoire.	1662-1665
Le Fâcheux Alain †	1665-1700
Desrobin Bernard †	1700-1720
Le Glouanec Jean	1720-1742
Baudrémon François.	1742-1751
Tanguy François, bachelier de la Sorbonne.	1751-1764
Riou Jacques	1764-1764
Le Jacq Nicolas Michel	1764-1783
Pochet Yves de Saint-Ségal † . .	1783-1802
Kerloc'h Jean Guillaume de Primelin	1802-1807
Le Gall Bernard, de Paimpol (Côtes-du-Nord)	1807-1812
Le Gall Clet, de Beuzec-Cap-Sizun	1812-1825
Durand Pierre, de Plonivel. . .	1825-1828
Bariou Guillaume, de Meilars. .	1828-1835
Caudan Jean, de Nizon † . . .	1835-1839
Lucas Guénolé, de Concarneau .	1839-1842
Marrec Guy, de Ploujean . . .	1842-1846

(1) La première date est celle de la nomination, la seconde est celle de la mort ou de la sortie de la paroisse. La † indique que le prêtre est mort et enterré à Penmarc'h.

Migeot Bernard, de Quimperlé .	1846-1853
Dagorn Yves, de Louannec (Côtes-du-Nord) †	1853-1863
Pouliquen Yves, de Guiclan . .	1863-1869
Lazou Jean-Louis, de Garlan . .	1869-1872
Guillou Jean, de Cléder † . . .	1872-1887
Le Coz François, de Plouarzel. .	1887-1911
Guillerm Gabriel, de Trégarvan .	1911-1921
Quiniou François, né à Ploaré le 14 mars 1870, ordonné prêtre en mars 1894, nommé vicaire à Plogastel - Saint - Germain en 1894, à Saint - Thégonnec en 1897, recteur de Mellac en 1914, et recteur de Penmarc'h en. .	1921

Vicaires ou prêtres-curés.

Le Cauguen.	1600-1614
Leildez	1600-....
Stephan	1600-....
Pilet	1600-1614
Du Chans	1611-....
Le Bris	1611-....
Gouzien ,	1613-....
Le Parfait	1617-....
Brocher Olivier	1628-....
Nédélec Yves	1629-....
Lannuzel	1629-1637
Kerrest Yves	1635-....
Bachelot Olivier	1637-....
Delaporte	1637-....
Maumeur	1638-....
Le Corre Tanguy	1640-....
Colin Jean	1643-....
Fily Guillaume	1643-....
Le Quémener	1647-....
Le Nédelec Jean	1651-....
Larour Sébastien	1654-....
Marrec J.	1654-....
Khrom	1654-....
Le Némi Jean	1655-....
Jamoys Jacques	1656-....
Le Faou Laurent	1657-....
Le Borgne Alain	1658-....
Soubi Guillaume	1658-....
Dupont Charles	1662-....
Gouzien Martin	1663-....
Diascorn Marc.	1664-....
Le Guirriec Jacques	1666-....
Guédès Maudez	1668-....
Garnier Jacques	1668-....

Le Quiniou Jean	1668-....
Le Brun Charles	1670-....
Tilly Guillaume	1678-....
Kerbiguet Laurent	1691-....
Le Talec François.	1700-....
Le Bourdon P.	1718-....
De la Goublaye	1718-....
Blon Jean	1720-....
Burlot Jean-Yves	1723-....
Le Roux.	1739-....
Le Berre Guillaume	1740-....
Le Breton	1741-....
Le Guéguen P.	1741-....
Loden Noël.	1745-....
Baudrémon Noël	1745-....
Bernard Yves-René, bachelier de la Sorbonne.	1752-....
Brennéol G.	1753-....
Menez Jacques.	1759-....
Yvolo Yves.	1760-....
Berrou Guillaume.	1762-1800
Daniélou.	1762-....
Dagorn	1765-....
Le Postec L.	1767-....
Larour Yves	1772-....
Pas de vicaire de 1800 à 1830.	
Le Pape.	1830-....
Martin	1835-....
Fenoux.	1835-....
Kerné.	1837-....
Caudan	1837-....
Daniélou.	1838-....
Le Dé.	1850-....
Caëric	1851-....
Herrou	1851-....
Saillour Noël	1857-....
Degay	1863-....
Henry Olivier	1865-....
Prigent Paul	1878-....
Le Bleis Yves	1881-....

Caër Jean-François, de Plabennec .	1889-....
Henry Emmanuel, de Tréflez. . .	1890-....
Péran Hervé	1892-....
Saliou Eugène, de Brest.	1894-1894
David François, de Briec	1894-1897
Guirriec Henri, de Cléder	1897-1901
Dantec Stanislas, de Ploumoguev .	1897-1908
Riou Louis, de Quimper	1901-1909
Plouhinec Pierre, de Pouldreuzic. .	1908-1909
Martin Jean-Baptiste, de Plounéour-Menez.	1909-1914
Evennou Jean, de Saint-Thurien. .	1909-1911
Le Bot Jean, de Dirinon.	1911-....
Corre Jean-François, de Guiclan . .	1914-1916
Guével Ursin, de Plabennec . . .	1919-1923
Colin Joseph Marie-Dom., de Clohars-Carnoët	1923-....

APPENDICE II

*Archives historiques du département de la Gironde.
Tome 1ᵉʳ. Registres de la Comptablie de Bordeaux 1482-1483.*

IX octobre 1482. Des devant dictes grandes et petites coustumes du vin chargé au port et hâvre de Bourdeaulx en la carvelle nommée le Sainct-Grimolle (Saint-Guénolé) de Penmarc dont est maistre et marchant. Grimolle Xristien, laquelle a monté 49 livres 17 sols deniers pite 1/2 pite tournoys.

XI octobre... La carvelle la Catherine de Penmarc, maistre Laurens Guguen, et marchant Jehan Guibourt, ce dict jour coustumée à la somme de 49 livres. 1 sol, 1 denier 1/2 pite tournoys ainsi que par icelle conterolle appert.

XII octobre... La carvelle la Marie de Penmarc. maistre Jacob le Molec, et marchant Jehan Fueilles... 64 livres 9 sols, 2 deniers, obole 1/2 pite tournoys.

même jour... La carvelle la Marie de Penmarc maistre, Hervé Ledret, et marchant Jehan Feuillie 45 livres, 2 sols, 9 deniers obole tournoys.

XVII octobre... La carvelle la Marguerite de Penmarc maistre Guillaume Lemains et marchant Yvon Michel, 10 livres, 5 sols, 7 deniers obole pite tournoys.

XXII octobre... La carvelle le Sainct Nonna de Penmarc maistre Jehan Legal, et marchant François Benet 23 livres, 2 sols, 11 deniers obole tournoys...

III novembre... La carvelle Le Jehan de Penmarc, maistre, Jehan Quello, et marchant Michel Grassière, 34 livres, 12 sols, 11 deniers obole pite 1/2 tournoys.

VII novembre... La carvelle le Sainct Nonna de Penmarc, maistre Yvon Le Broyer, et marchant Jehan de Salzedo, (192 livres, 15 sols tournoys,) neuf vingts douze livres quinze sols tournoys. IX^{xx} XII livres, XV sols tournoys.

IV février 1483... La carvelle le Sainct Nonna de Penmarc maistre Jehan Cosquet, et marchant, Jehan Lepain, 21 livres 1 sol, 4 deniers tournoys.

VI février... La carvelle, le Sainct Grimolle de Penmarc, maistre Yvon Le Suzic et marchant Bertrant Leberton, 80 livres, 17 sols 9 deniers obole pite tournoys.

même jour... La même caravelle et le même maître, marchant, Pierre Primer).

XIX frévrier... La carvelle la Catherine de Penmarc, maistre Calver, marchant Pierre Primer, 65 livres, 13 sols, 1 denier 1/2 pite tournoys.

même jour... La carvelle le Julien de Penmarc, maistre Jehan Brandin, marchant de Payes, 4 livres 15 sols tournoys.

VI mars... La carvelle la Marguerite de Penmarc, maistre Guyon le Flamanc, marchant Pierre Prunier, 66 livres 11 sols 6 deniers 1/2 pite tournoys.

XII mars... La carvelle le Sainct Nonna de Penmarc maistre Jehan Le Croisyc, marchant François Tusbal, 24 livres, 10 sols tournoys.

XIII mars... La carvelle le Sainct Nonna de Penmarc, maistre Guillaume Pierre, et marchant Gaillard de Bourguières, 24 livres, 9 sols, 6 deniers pite tournoys.

même jour... La carvelle la Magdalaine de Penmarc, maistre Alain Golay, marchant Jehan Lapéringue, 21 livres 8 sols pite tournoys.

même jour...:La carvelle Sainct Nonna de Penmarc, maistre Jehan Mahé, marchant Arnault de Barennes, 112 livres, 19 sols 3 deniers pite 1/2 tournoys.

XXVII mars... La carvelle la Marie de Penmarc'h, maistre et marchant Guillaume Coulent, 20 livres 16 sols, 2 deniers pite 1/2 tournoys.

XXI avril... La carvelle de Sainct-Trémer de Penmarc, maistre Guillaume Baret, et marchant, Héliot Escuyer, 33 livres, 11 sols obole pite 1/2 tournoys.

même jour... La carvelle le Sainct-Nonna de Penmarc, maistre Geoffroy Cousquet, et marchant Jehan de la Perruque, 18 livres 9 sols 11 deniers, maille pite tournoys.

XXVI avril... la carvelle, la Barque, de Penmarc'h, maistre Jehan Colen, et marchant Bertrand Le Bidoc, 20 livres 4 sols 10 deniers 1/2 pite tournoys.

VII mai... La carvelle, la Marie de Penmarc, maistre Jehan Rouzan et marchant Bertrand Daurays, 110 sols, 7 deniers maille pite tournoys.

même jour... La carvelle la Catherine de Penmarc, maistre et marchant Yvon Lebien (Le Bihan) 4 livres 17 sols 9 deniers maille pite tournoys.

XVII Juin... La carvelle la Marguerite de Penmarc'h, maistre Guyon Le Flament (Flamanc) marchant Guillaume Lecor, 66 livres 4 sols 5 deniers tournoys.

it... La carvelle la Catherine de Penmarc, maistre

Laurens Guguen, et marchant Jehan Jardin, 55 livres 14 sols, 4 deniers pite tournoys.

it... La carvelle le Sainct Yves de Penmarc, maistre Rieu Rozen, marchant Raphael de Cassanne, 95 livres, 4 deniers tournoys, IIII^{xx} XV livres IIII deniers tournoys.

it... La caravelle la Marie de Penmarc, maistre Jehan Lemolec (Le Moullec) et marchant Raphael de Cassanne, 82 livres, 8 sols, 8 deniers.

Autre recepte faite par le dit comptable de semblable coutume de 12 deniers tournoys pour livre levée sur toutes denrées et marchandises entrans en la dite ville de Bourdeaulx et yssants d'icelle... durant l'année de ce dit compte.

APPENDICE III

Le sauvage de la Palue

Un des êtres les plus extraordinaires que j'ai trouvé dans le Finistère est une espèce de sauvage connu sous le nom de Philopen (1). On le crut long-temps un homme abandonné par un bâtiment russe ; on ne connaissait ni ses parents, ni le lieu de sa naissance, il errait de rochers en rochers sur la côte de Penmarc'h, se nourrissant de poissons crus, des chiens, des animaux qu'il pouvait saisir, échappant à l'approche des hommes. Il habitait dans le creux des rochers, dans les cavernes du rivage, rien n'égalait sa force, sa légèreté. Il s'est un peu civilisé ! Sa demeure, à quelques pas de la mer, a près de cinq pieds d'élévation ; elle est faite de pierres brutes couvertes d'un toit de jonc ; son mobilier est composé d'une table, d'un banc, d'une poêle, d'un pot de fer, d'une cruche et de quelques écuelles de bois. Il couche auprès de sa moitié sur la terre couverte d'un peu de paille et de goémon ; des lambeaux de toile à voile naufragés leur servent de couverture ; ils reposent leur tête sur un caillou enveloppé d'un sac de grosse étoupe.

Depuis qu'il communique avec les hommes, depuis qu'il participe à leurs fêtes, à leurs travaux, il s'est fait aimer. Rien de serviable, de bon comme ce sauvage duquel pourtant on menace encore les petits enfants. Il n'a jamais frappé personne même

(1) Extrait de : *Voyage dans le Finistère en 1794.* — par Cambry — Note XIIIe, p. 431.

dans l'ivresse à laquelle il s'abandonne volontiers. A la lutte, dans la Bretagne, il n'a point trouvé de vainqueur. On assure que dans sa jeunesse il prenait un lièvre à la course.

Philopen est d'une constitution que rien n'altère ; il brave, presque nu, toutes les intempéries des saisons ; il ne porte ni bas, ni souliers ; sur sa tête est un mauvais bonnet ; sur ses épaules, tantôt un manteau de toile goudronnée tantôt quelques morceaux du jupon de sa femme, ou des haillons dont on lui fait présent.

On s'amuse encore quelquefois à lui faire manger des poules vivantes, de petits chats ou des lapins crus. Il rejette autant qu'il le peut et le poil et la plume qui le font tousser, mais il en avale beaucoup ; pour le remettre à ces repas de sa première jeunesse, il faut qu'il boive beaucoup de vin et d'eau-de-vie.

Le Commissaire du Pouvoir Exécutif, Loédon, homme plein d'esprit et de talent, m'écrivait, il y a trois ans : « Thomas Yvin, dit Philopen, demeurant à Saint-Guénolé, section dépendante autrefois de Beuzec-Cap-Caval, est aujourd'hui attaché à la commune de Penmarc'h, il est originaire de Tréguennec, à peu de distance de Saint-Guénolé ; il a soixante dix-huit ans ; sa taille est de cinq pieds cinq pouces, sa tête fort grosse, ses cheveux cotonnés, son teint basané, ses yeux petits et vifs, ses épaules larges, son buste fort gros jusqu'aux lombes où sa structure commence à s'effiler ; il est singulièrement nerveux, fort et robuste et velu jusqu'au bout des ongles... La première fois que je le vis, je me figurai un habitant des bords de l'Orénoque du grand lac ou de la baie d'Hudson ; il ressemble à quelques sauvages que j'ai vus, il y a quarante ans à Paris, restés à la suite de la célèbre ambassade d'Iroquois, conduits, dans le temps de la Régence par le Jésuite Charlevoix, célèbre par sa belle histoire du Canada. »

En octobre 1887, lorsque je fis ma première visite pastorale à Penmarc'h (1), je crus pénétrer chez un autre Philopen en entrant dans la maison de Pierre Le M... située dans la Palue, près de l'anse de Pors-Carn. Sa hutte est bâtie avec des galets cueillis sur la grève voisine et des mottes de terre comme ciment. Des roseaux et du warech en forment la toiture. Cette cabane est divisée en deux parties dont la première est réservée à M... et à sa femme. On y remarque une vieille huche, une table, un banc et un vieux lit bourré de paille, de menu goémon et et d'herbes sèches. Quelques pierres mal jointes forment le foyer ; un trou dans le toit sert de cheminée. L'autre partie est occupée par les animaux domestiques : taureau, vache, veau, porc, mouton, poules, oies, canards. Chaque bête a son compartiment à part. La section que s'est réservée M... commence là où finit la litière.

En mettant le pied à l'endroit où aurait pu se trouver le seuil, mes compagnons et moi, nous sommes arrêtés par un énorme taureau rouge qui nous regarde d'un œil courroucé et nous présente ses cornes, absolument comme un factionnaire menace de sa baïonnette quiconque veut forcer la consigne. M... et sa femme se précipitent vers nous, et de quelques coups de bâton repoussent dans un coin le pauvre taureau qui se demande sans doute ce qu'il a fait de répréhensible. Nos hôtes sont très affables. Ils nous reçoivent avec le plus grand empressement et nous montrent avec

(1) *Mémoires inédits de M^r Le Coz, ancien recteur de Penmarc'h.*

orgueil leurs meubles, les tas de navets et de pommes de terre cachés dans les coins et sous le lit.

« Ma case était l'année dernière à deux cents mètres, plus près de la mer, dit M... l'année prochaine je reculerai encore dans la palue, emportant les pierres, les galets et les débris de naufrage qui me serviront à reconstruire ma cabane. N'est-ce pas, ajouta-t-il, que j'ai là un bon gardien, en désignant son taureau. »

J'engageai M... à loger son bétail à part.

— Oh ! ça viendra, ça viendra, Monsieur le recteur. En attendant, veuillez bénir ma maisonnette. » Une nappe, de l'eau bénite, une branche de tamarin, un petit cierge, dit queue de rat ; tout cela est préparé et apporté par les deux époux qui se hâtent de se jeter à genoux et de se signer dévotement. Mes compagnons les imitent.

Au beau milieu de la bénédiction, je me sens tiré par mon surplis. Je m'arrête, j'interroge...

« Ce n'est rien, Monsieur le recteur, répond la femme, c'est tout simplement ce diable de petit veau qui loge sous la table et qui veut happer votre surplis. »

Je me hâtai de terminer les prières de la bénédiction de peur que surplis et étole ne devinssent la proie du petit ruminant, M... lui, était fier de posséder un veau si intelligent et si bien élevé ! On se sépara dans les meilleurs termes du monde. Je dois dire que la hutte de M... est à peu près la seule de son espèce dans la palue de Penmarc'h. Pendant ma tournée pastorale, j'ai béni dans la paroisse environ 630 maisons, et dans la plupart régnait la plus grande propreté.

TABLE DES MATIÈRES

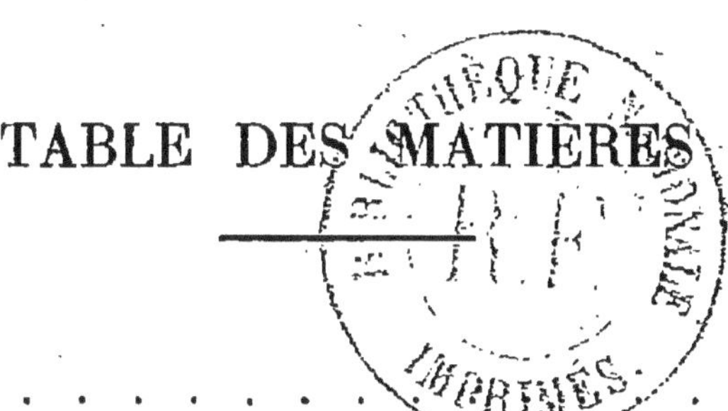

TROISIÈME PARTIE
Saint-Guénolé.

ABBEVILLE. — IMPRIMERIE F. PAILLART.

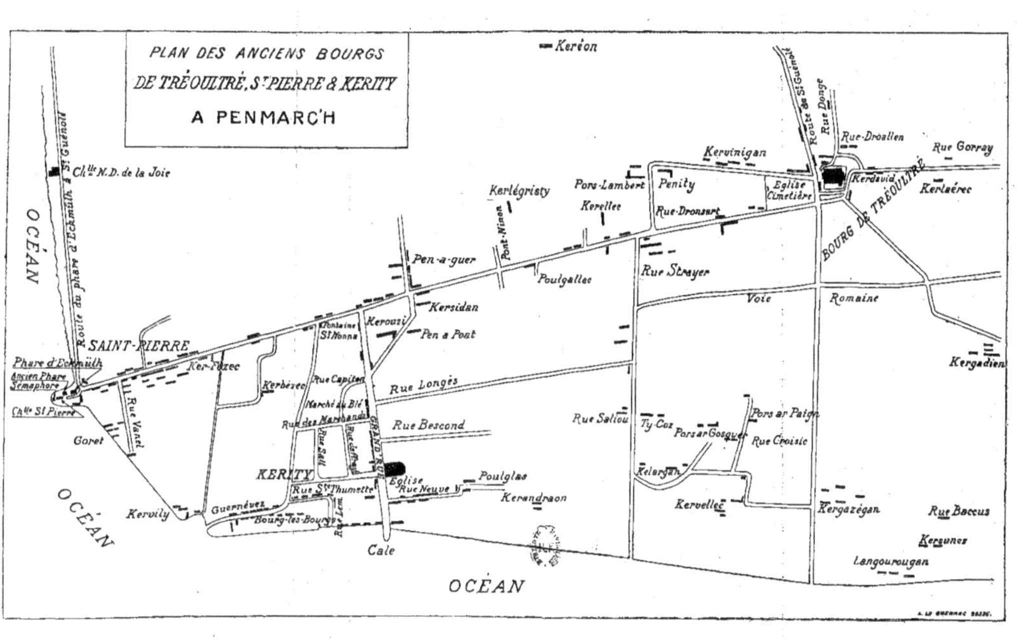

PLAN DES ANCIENS BOURGS
DE TRÉOULTRÉ, S.t PIERRE & KERITY
A PENMARC'H

Keréon
OCÉAN
Ch.lle N.D. de la Joie
Route du phare d'Eckmülh à St Guénolé
Route de St Guénolé
Rue Donge
Rue-Droallen
Rue Gorray
Kervinigan
Kerlégristy
Pors-Lambert
Penity
Pont-Ninon
Kerellee
Eglise
Cimetière
Kerdavid
Kerlaérec
Rue-Dronsart
BOURG DE TRÉOULTRÉ
Pen-a-guer
Poulgallec
Rue Strayer
Kersidan
Voie
Romaine
SAINT-PIERRE
Kerouzi
Pen a Pont
Phare d'Eckmülh
Fontaine
St Nonna
Kergadien
Ancien Phare
Sémaphore
Rer Fozec
Kerbévec
Rue Capites
Rue Longès
Ch.lle St Pierre
Rue Saliou
Ty-Coz
Pors ar Paign
Marché au Blé
Rue des Marchands
Rue Bescond
Pors ar Gosquer
Rue Croisic
Goret
Rue Vanel
GRAND
Kerargan
KERITY
Rue Sall
Eglise
Poulglas
Kervily
Guernévez
Rue St Thumette
Rue Neuve
Kerandraon
Kervellec
Kergazégan
Rue Baccus
Bourg-les-Bourgs
Kergunez
Cale
Langourougan
OCÉAN
OCÉAN
A. LE GUENNEC DESS.

LIBRAIRIE LE GOAZIOU
7, RUE SAINT-FRANÇOIS, QUIMPER.

PERRIN (Olivier). *Breiz Izel ou Vie des Bretons de l'Armorique.*
Cent vingt dessins gravés sur cuivre avec texte explicatif.
Un volume petit in-4° (175×220) (487 pages, XXIV), sur
papier vergé . . . . 35 »

ALBERT LE GRAND. *Les Vies des Saints de la Bretagne Armorique.*
Réédition de l'ouvrage paru en 1638. Grand in-4° de
1200 pages . . . . 30 »

WAQUET (Henri). *Vieilles pierres bretonnes.* Etudes archéologiques illustrées de nombreuses gravures, 152 pages
(140×220). 6.50

CORNOU (F.). *Elie Freron* (1718-1776) (Ouvrage couronné par
l'Académie Française) 480 pages (165×250) . . 12 »

ABBÉ KERBIRIOU, Docteur ès-lettres. *Jean François de La Marche,*
Evêque-Comte de Léon (1729-1806). Etude sur un diocèse
breton et sur l'émigration (Prix Sicard), 625 pages,
(140×230). . . . . 15 »

VINCENT. *Les algues marines et leurs emplois agricoles, alimentaires,*
industriels. 206 pages (160×240), nombreuses illustra-
tions. . . . . 12 »

CORNILLEAU (Robert). *La formation d'un génie médical : Laennec.*
Brochure de 32 pages (168×200). 1.50

OGES (Louis). *Géographie du département du Finistère.* 32 pages
(220×275), très nombreuses gravures, 5 cartes en
couleurs 2.50

CORNOU (F.). *Histoire et géographie du Finistère.* 54 pages
(185×265), très nombreuses gravures et cartes. . 2.75

PERENNES & GUEGUEN. *La grande Troménie de Locronan,* 38 pages
(125×185), avec une carte en couleurs donnant le
parcours de la procession de ce curieux pardon. . 2 »